AF315302

Charles-Louis PHILIPPE

La Mère
et l'Enfant

PARIS

BIBLIOTHÈQUE ARTISTIQUE & LITTÉRAIRE

SOCIÉTÉ ANONYME LA PLUME

31, Rue Bonaparte, 31

1900

LA MÈRE ET L'ENFANT

Charles-Louis PHILIPPE

La Mère et l'Enfant

PARIS

BIBLIOTHÈQUE ARTISTIQUE & LITTÉRAIRE

SOCIÉTÉ ANONYME LA PLUME

31, Rue Bonaparte, 31

—

1900

I

Lorsque j'avais deux ans, maman, tu
étais forte comme une force de Dieu, tu
étais belle de toutes sortes de beautés
naturelles, tu étais douce et claire comme
une eau courante. Tu étais pour moi la
plus complète représentation du monde.
Je te vois et je te sens. Tu ressembles à la
terre facile et calme de chez nous qui
s'en va, coteaux et vallons, avec des
champs et des prés de verdure. Tu prends

ton enfant sur ton sein, tu le caresses, tu es bienfaisante, et c'est bon comme lorsqu'un homme, un dimanche soir d'été, se couche à l'ombre d'un chêne. Il m'est impossible d'imaginer le monde sans toi. Tu es le ciel qui s'étend au-dessus de nous, frère bleu de la plaine. Tu es là, autour de mon cœur, avec un amour également bleu et qui va plus loin que l'horizon. Je pense que la vie est heureuse et légère, qui met auprès de nous une mère attentive. Une mère attentive qui nous regarde, une mère délicate qui nous sourit, une mère forte qui nous prend par la main. Je pensais à bien d'autres choses encore, que je ne sais plus. Tu étais surtout, maman, un large fleuve tranquille qui se promène entre

deux rives de feuillages, sous des cieux
calmés. J'étais une barque neuve qui
s'abandonne au beau fleuve et qui a l'air
de lui dire : Emmène-moi, beau fleuve
où tu voudras. J'ai mis ma vie sur la tienne
parce que je sais que tu connais de beaux
pays où l'on se trouve heureux. Et tel
j'allais. Et je voyais le monde en passant
parce qu'il se mirait dans ton sein.

Maman, je te regarde avec attention.
Comme on le dit dans nos pays, mes
yeux s'ouvrent comme des portes de
grange. C'est pour laisser passer ton
image, semblable au charriot de foin qui
nourrira les excellentes bêtes de l'étable.
Tu entres en moi avec ton visage, tes vêtements et tes gestes, et tu t'y installes à
jamais, et tu es chez toi, dans une mai-

son que tu ordonnas. On y voit ton bonnet blanc qui te coiffe, comme un toit modeste la maison d'un bon homme, ton corsage noir où des aiguilles sont piquées, ton tablier bleu, de travail et de simplicité. On y voit tes jupes aussi, tes pauvres jupes couleur des choses et qui ne craignent pas la poussière. Voilà, maman, et je comprends que si tu n'es pas parée, c'est parce que la vie des femmes se compose de besognes plutôt que de toilettes. Je comprends, c'est-à-dire que j'amasse les éléments qui aujourd'hui me font comprendre. Et je me dis encore que le costume que tu portes, c'est l'uniforme des mères.

Maman ! Tu marches au milieu des choses. Je vois des objets que tu ranges, d'autres que tu époussètes et des meubles dont tu prends soin. Je ne comprends pas bien ce que cela signifie, mais je comprends que c'est une tâche importante et difficile. Rangements, soins domestiques, simples besognes de nos mères, de l'aube au soir c'est vous dans la maison ! Vous passez sur la cheminée, sur les meubles et partout, vous accompagnez maman comme une qualité nous accompagne. Vous établissez une harmonie claire entre les chaises, la table, les lits, l'armoire, simples choses, et qui est si belle que l'on ne concevrait pas qu'il en fût une autre. Oh ! ne croyez-vous pas que c'est comme ceci, la place de nos meubles et qu'un rien troublerait leur harmonie comme un rien troublerait l'harmonie de l'Univers. N'est ce pas, il y a le Bon Dieu du monde, mais une mère c'est le Bon Dieu de la maison.

Mais surtout. maman, tu étais ma citadelle. Magnifique et calme, tu te tiens debout sur la colline et ton enfant n'a pas peur lorsqu'il va dans la vallée. Pourtant tu n'es pas une forteresse aux grands murs et compliquée pour la défense, non, et tu n'as pas cet air grondant des remparts pleins de canons. Mais tu te dresses sur la colline, robuste et grave comme un guerrier, et assurée. L'on voit que tu es là et l'on se dit : C'est là-haut celle qui domine la campagne et qui garde son petit contre les méchants. Je me rappelle encore qu'il y a dans notre église un grand Saint-Georges à l'épée, auprès d'une petite cathédrale. Il me semble que tu portes dans tes mains la forte épée du grand saint. Et moi, cathédrale, je laisse chanter les petits Jésus de mon cœur : le mal ne peut pas venir lorsque veille le grand saint Georges.

J'avais deux ans et demi, maman. C'est l'âge essentiellement clair où les petits enfants se promènent dans la vie avec des lueurs. Ils ont de jolis désirs qui les emportent comme des feux follets dans la plaine. Ils courent sans savoir pourquoi auprès des gens et des voitures, ils s'arrêtent capricieusement, non pas parce qu'ils sont fatigués, mais parce qu'il faut bien s'arrêter quelque part. Vois-tu, maman, ils sont sauvages. Sauvages, ô petits sauvages, vous êtes bien doux aussi et vous vous arrêtez comme les feux follets au pied des croix pour vous prosterner aux pieds de Dieu. Vous accourez vers votre mère, vous mettez la tête dans ses jupes et, fermant les yeux, vous vous sentez tout couverts de tendresse. Un enfant de deux ans et demi est fait avec du mouvement, des rires et de l'amour.

Il s'éveille à sept heures du matin. Il semble venir de très loin et cela fait penser que la Nuit est une vieille femme qui, chaque soir, engloutit les petits enfants. Mais lorsque son âme mobile revient à la vie, bien vite elle s'harmonise avec le soleil rajeuni. Il ignore que l'on peut vivre de beaux instants, assis ou couché, à condition de penser à des choses. La Vie consiste à jouer des pieds et des mains dans la maison, dans la rue ou dans les champs. C'est aussi ce que croient les animaux et ils n'ont pas tout à fait tort, car Dieu nous a mis au monde pour que nous nous servions le plus possible de notre corps. Il veut se lever tout de suite afin de ne pas perdre de temps. Maman, il faut te dépêcher : ton enfant, assis sur sa couche, n'est pas très patient. Tu n'avais pas encore remarqué que les enfants sont égoïstes, qui dérangent leurs mères des besognes importantes du ménage.

Il est levé : regardez-le. Sa grande chemise de nuit, comme une tunique est décorative, mais il n'en a souci : il s'élance

et bat le sol de ses pieds nus tandis que
sa traîne le suit en balayant la maison :
Petit fou ,tu vas t'enrhumer. Sa mère
court après lui, le saisit par un bras, l'entraîne, l'assoit sur ses genoux, et il remue
encore. Vous qui croyez à des nécessités,
vous mettez gravement vos bas, sachant
que pour vivre il faut avoir des bas.
Mais lui ne connaît rien que le mouvement qu'il veut se donner, et pendant
que sa mère lui met ses bas, il remue les
jambes impatiemment. Ceci veut dire :
Ne vois-tu pas que tu m'ennuies : j'ai des
bras et des jambes, c'est assez, or mon
désir m'appelle, et c'eût été un bel instant de ma vie celui que tu consacres à
me mettre des bas.

Dans la bonté matinale les jeux des

enfants de deux ans et demi brillent au soleil. Ils sont faits avec des pâtés de sable si l'enfant et sage et avec des promenades ou des pas de course quand il est agité. Leur mouvement se compose de gestes maladroits qui se mêlent et s'embrouillent comme les sentiments d'une âme indécise, mais il est plein de vie comme les désirs d'une âme naissante. Petits pâtés avec des petits seaux : c'est une occupation sérieuse pour laquelle on s'assied et qui contient un peu d'esthétique : une esthétique de petits pâtés. Promenades et pas de course : c'est une occupation glorieuse comme celle d'un Monsieur Va-t en-guerre, qui vous remue et qui vous donne un air crâne parce que vous êtes un bel homme utilisant son

corps. Ces spectacles laissent au cœur
une grande clarté et lorsqu'une mère se
les rappelle, elle se dit qu'alors il faisait
un bien beau temps. Elles ont raison,
les mères, car tout cela c'est un seul sentiment de soleil, d'innocence et de bonté.

Puis il faut manger la soupe. La soupe
aussi est embêtante, qui vient prendre
les petits aux moments de leur joie pour
leur rappeler qu'il y a des actions nécessaires. Comprenez-vous : au beau milieu
d'un enthousiasme on redescend au terre-
à-terre de la soupe quotidienne. Un beau
matin, alors qu'il faisait une expérience
de chimie, on rappela à l'illustre Monsieur Pasteur que ce jour même il avait
promis de se marier. Le bon savant dut
penser : Voilà qui est désagréable et je

voudrais bien que le mariage n'eût jamais été inventé. Semblablement l'enfant se dit : Au diable la soupe et ceux qui ont imaginé de la manger ! Il se met à la besogne pourtant. Les enfants gâtés, à deux ans et demi, ne savent pas manger seul. Alors, comme les petits oiseaux ils ouvrent le bec et leur mère y met la pâtée. Mais ce qui est facile pour les petits oiseaux attentifs ne l'est point pour les petits enfants joueurs. Continuellement occupés d'autres choses ils regardent partout et leur tête suit leurs yeux, si bien qu'une mère doit prendre garde pour ne pas mettre la cuiller dans le nez, dans l'oreille ou dans les yeux au lieu de la mettre dans la bouche remuante.

Tout n'est pas fini qu'il s'échappe déjà ;

oh ! qu'il n'aille pas trop loin, avec sa pauvre ignorance, au milieu de notre monde compliqué. Il y a des choses dangereuses : des voitures et des cailloux, des voitures aux roues méchantes et des cailloux qui vous attirent pour vous faire tomber. Et puis le plus petit trou d'eau est un endroit de mort qui attend sa victime Car la rue, comme une créature mauvaise, fait du mal aux petits enfants. Reste devant chez nous, auprès de moi, répète la mère. Elle est une gardienne. Maman, je l'ai dit, tu étais ma citadelle. Je ne voulais pas m'éloigner non plus, à cause de différentes peurs que j'avais. A deux ans et demi je craignais les chats. Ils ne sont pas rassurants, eux qui sont pleins de monvements vifs, et dont les dents et les griffes contiennent une méchanceté diabolique. Que l'un d'eux s'approche, j'accours vers maman sans lui avouer mes craintes, car nous avons notre fierté et là, auprès des bonnes jupes, je sens qu'une main s'étend au-dessus de ma tête, qui repousse les dangers. Je n'étais pas bien tranquille non plus lorsque des mendiants passaient avec de grands sacs où il y a place pour les enfants déplaisants.

Tant d hommes ont des intentions que l'on ne connaît pas. Visages enfermés dans des barbes épaisses, j'en voyais quelques-uns qui auraient pu me prendre et m'emporter je ne sais où. Parfois maman leur disait : Emmenez-le donc, vous me débarrasserez, mais je vous réponds

que vous ne ferez pas une bonne acquisi-
tion. Je riais à moitié pour faire comme
elle, mais je tremblais à moitié aussi parce qu'on ne sait pas ce qui peut arriver.

Je n'ai jamais été brave, ayant possédé
toujours une grande imagination. C'est
qu'en effet l'imagination nous montre la
vie, de cieux, de femmes et de douleurs
parée, qui nous font sentir la mort comme
une caverne noire sans femmes et pleine
d'oublis. On hésite à s'aventurer sur son
chemin. Ainsi n'étaient point mes réfle-
xions de petit enfant, mais je songeais
pourtant à des supplices d'oreilles et de
nez coupés, d'yeux crevés, de langues arra-
chées, à des captivités dans des armoires
ou dans des sacs et à des bêtes féroces
qui vous mordent pendant des années.

Je me disais : Il faut te méfier. Les événements nous guettent, et quelque chose peut venir te prendre par le bras pour te conduire quelque part où tu serais très mal. Ne t'éloigne pas trop de ta mère qui saura te défendre.

Quand midi sonnait, heure de l'appétit, je ne me laissais pas appeler deux fois à déjeuner. Les bons exercices matinaux sur qui passe l'air frais des villages emplissent le corps de santé. J'ai faim maintenant. Nous n'avons pas de grande chaise pour enfant, me voilà sur une chaise ordinaire et la table me vient au menton Cela ne fait rien, puisqu'il s'agit de manger et non pas d'être à son aise. Et puis il ne disconvient pas qu'un objet manque dans une maison lorsque son

absence nous apprend à nous gêner un
peu. Mon père disait : Vois donc, il a
l'air d'une petite grenouille qui sort la
tête de l'eau. Tant pis. La petite grenouille est pleine d'appétit et il faut voir
la joie de maman. Elle me met les bou-
chées dans la bouche et l'une suit l'autre.
Elle pense : C'est bien heureux, et ce soir
il aura de la force pour jouer et courir.
Elle m'encourage : mange, mon petit, tu
deviendras bien grand.

Mais après le repas, je suis alourdi. On
comprend alors combien est faible l'énergie d'un enfant. Il n'y a pas longtemps,
vous aviez devant vous un petit garçon
éveillé qui tournait autour de vos jambes
pour qu'à ses jeux vous joigniez les
vôtres Regardez-le maintenant, sur les

génoux de sa mère, las et empâté, qui
s'endort. Maman écarte ses ailes qui me
couvent et agrandit son cœur qui s'api-
toie. Elle m'aime davantage à me savoir
fragile et lorsqu'elle me porte au lit, c'est
en silence, avec une âme qui me pro-
tège, qui me sourit et qui tremble.

A trois heures, je m'éveille. L'après-
midi s'étend sous le ciel calme et les
heures se suivent, égales et glissantes,
comme de belles personnes dorées. On
les voit passer dans la rue et s'asseoir et
s'avancer avec l'ombre. Tout est doux et
je vais jouer encore. Mon père fait des
sabots et son bruit nous donne du courage. Maman coud sur notre seuil, bonne
et appliquée. Je suis auprès d'elle avec
deux petits pieds qui marchent et deux

grands yeux qui regardent. Ils sont clairs
ces soirs de mon village, et me donnent
un enseignement simple de la vie. Les
bêtes, les voitures et les gens passent.
Vous, chiens flâneurs, vous faites les
quatre coins de la rue en inspectant les
tas d'ordure comme des agens de la voi-
rie. Vous m'inquiétez un peu, mais je
pense qu'au fond, vous êtes des bêtes
pacifiques qui ne pensent qu'à manger.
Il y a les vaches aux grands pas solides
qui marchent sans faire de manières. Il
y a le bœuf si tranquille que l'on dirait
que le bœuf est le mari et que la vache
est la femme. Les chevaux que l'on em-
mène chez le maréchal-ferrant ont quatre jambes qui sautent . Mais j'aime surtout les petits cochons roses, parce qu'ils

ont l'air d'être en jambon.

Il y a aussi les voitures à âne sur lesquelles sont assises une femme et une petite fille, et qui montent la côte si lentement qu'elles doivent s'ennuyer. Maman me surveille et craint que je n'aille me fourrer sous les roues. Mais il y a les voitures à cheval qui vont très vite et l'on comprend à leurs grelots que quelque chose d'important va passer. Alors, maman a peur et m'appelle. Méfiez-vous, petits enfants, des voitures orgueilleuses, car elles vous feraient du mal pour montrer qu'elles en ont le pouvoir.

Et puis, j'ai des amis. Avec son grand tablier de cuir, son chapeau affalé et sa pomme d'Adam comme une pomme qu'il ne peut avaler, c'est Limousin le

charron, qui se dandine et se balance. Il
me fait rire, lorsqu'il se campe et, de sa
voix qui lui passe par le nez : « Tu n'as
pas l'air de t'ennuyer.» Il est grave, drôle
et profond et l'on dirait Polichinelle
énonçant une vérité. Je le vois marcher :
ses bras écartés tiennent la largeur de la
rue et ses grandes jambes sont coton-
neuses et ses grands pas sont très lents.

Voici le vieil épicier aux lunettes et sa
voiture à bâche et son âne blanc. Il sort sa
tête de sous sa bâche et me regarde avec
des yeux si familiers que je l'appelle mon
oncle Charles. Il est un bon vieil épicier
joyeux qui vend de l'huile et du chocolat
dans la campagne et qui chemine doucement, parce qu'il ne désire rien. Je
l'aime comme il faut aimer ceux qui

conservent une voix gaie pour les petits enfants.

Mais au-dessus de tous, le maréchal-ferrant est bon comme un grand-père. Lui, c'est mon vieux, et sa femme, c'est ma vieille, l'un avec sa grande barbe blanche et l'autre avec un bonnet sur sa tête riante. Ils habitent une maison noire et une forge calme où la soirée s'arrête et s'amuse comme une personne qui donne des coups de marteau sur une enclume. Que j'ai passé d'heures à leurs côtés ! Mon vieux m'apprend deux ou trois choses réjouissantes qu'il connaît. D'abord, il m'enseigne des plaisanteries sur moi-même par lesquelles j'apprends qu'il fait bon vivre et se soigner. Il m'agace si je mange et me dit : « Ton

ventre, c'est un bienheureux », ou bien :
« As-tu fini de manger les confitures ? Il
faut te dépêcher. J'ai vu un chat qui
rôde autour de la maison et les chats
sont des voleurs. » Je n'y crois pas beaucoup, mais l'amour des confitures et la
peur des chats se combinent et me pous-
sent vers maman. Elle me rassure :
« Mais non, mon petit. Je suis à côté
d'elles, avec un bâton pour les défendre,
et quand le chat viendra, je le tuerai. —
Oui, maman. » Il faut de grands châti-
ments pour les grands crimes, et je ne
sais pas que la vie d'un chat vaut mieux
qu'un peu de friandise. Je reviens trouver
mon vieux : Çà n'est pas vrai. Petite confiance trompée, mon vieux en est ému.
Alors, il me saisit à pleins bras, puis

avec sa bouche et sa barbe, il me baise à
grands coups. Et sa bouche est molle et
chaude, et sa barbe, comme les choses
qui ont beaucoup vécu, est pleine de
douceur.

C'est ainsi que les joies et les jours
s'accompagnent et qu'un bonheur est
dans la maison des miens. L'on s'assoit,
l'on se repose et l'on songe : Notre petit
garçon commence à se débourrer. Il
marche couramment, il parle, il connaît
des jeux et il comprend des histoires. Le
monde lui entre dans les yeux et dans les
oreilles. Il va dans la rue, devant notre
maison et, comme une poule picore, entre tous les pavés, il s'arrête et cueille
quelque sensation des choses. La Vie
l'entoure lorsqu'il se promène. Nous

n'avons plus qu'à le laisser pousser. L'eau,
le soleil et la terre le feront fleurir, puis
il aura des fruits, car les hommes sont
pareils aux arbres et portent des fruits
qu'une créature de Dieu vient ramasser
afin d'assimiler un peu de leur substance.

Bons parents, ne vous endormez pas.
Voici ce qui arriva au petit Auguste : Le
petit Auguste avait trois ans et vivait en
face de notre maison, chez ses parents,
une vie délicate d'enfant malade. C'était
une maladie de cœur qui le faisait pâle et
bon. Il ne se promenait pas beaucoup
dans la rue et ne courait pas et ne criait

pas non plus, mais on le voyait auprès de
sa mère, d'un air triste. On voudrait
toujours les embrasser, ces enfants malades, et le petit Auguste plus que les
autres, parce que le médecin avait dit
qu'il était bien fragile. Ses parents le soi-
gnaient avec toutes sortes de précautions.
Mais la Nature se rit de nous et nous en
prépare un nouveau, lorsqu'elle nous dé-
signe un danger.

Nous étions deux amis. Il mettait de
l'animation dans ses manières, et je mettais de la douceur dans les miennes. Il
faut se promener quelquefois, alors je
ralentissais mes pas, pour ne pas le fati-
guer pendant qu'il précipitait les siens
pour ne pas me faire perdre de temps.
Nous ne causions guère, mais chacun de

nous était heureux d'être en face des évènements accompagné d'un petit garçon de son âge.

Or, il y avait une cave dans une ruelle voisine et dans cette cave était une fontaine où les femmes parfois lavaient leur linge. Il y venait un peu de lumière et c'était assez.

Un jour le petit Auguste, dit : Ma maman est à la cave. Nous partîmes. La cave nous attirait comme un beau spectacle. Maman du petit Auguste. je connais deux petits garçons qui seront contents de vous voir. Nous arrivons. La cave est toute noire. Nous marchons. Nous ne savions pas, nous, qu'il ne faut pas marcher dans l'ombre. Deux enfants sont là. Soudain le petit Auguste tombe dans la fontaine. Je le

suivis mais j'eus le temps de me raccrocher aux parois. C'était un vieux bassin
maçonné où quelques pierres tombées
formaient une fissure dans laquelle je pus
mettre mes pieds tandis que mes coudes
s'appuyaient au sol. Tout cela s'accomplit comme un coup de tonnerre. L'ombre, l'eau, l'ignorance, la faiblesse et la
peur se tenaient à mes côtés ainsi que des
êtres noirs et me faisaient du mal. Je
criais. Toute mon énergie était dans ma
voix. Je criais pour appeler, mais aussi
pour oublier un peu. Entre deux cris
j'avais le temps de penser et c'était affreux.
On ne sait pas comment est fait le danger
lorsqu'on a trois ans. Je pensais : Dans
la fontaine habite un ours. Le petit
Auguste est tombé, l'ours l'a mangé. Si

je tombe à mon tour l'ours me mangera

Je sentais au-dessous de moi quelque
chose de noir qui était une tanière et
dans laquelle s'accomplissait un drame.
Il y avait de la mort, de la nuit, mais surtout il y avait de la souffrance. Il semblait
qu'on me tirât par les pieds pour m'y
mêler. Alors je criais sans cesse. Contre
le danger mes cris étaient ma seule arme
et j'en usais, à la briser. Je criais avec
toutes les forces de mon corps. Comme
un homme combat pour ne pas mourir,
je criais : avec mes pieds, avec mes bras,
avec ma tête, avec ma voix.

Enfin mes cris furent entendus. Maman accourut, comme accourent les mères, mettant de l'énergie à courir autant
que j'en mettais à crier. Qu'est-ce qu'il y

à, mon Dieu, qu'est-ce qu'il y a ? Il y
avait son petit enfant qui était tombé
dans une fontaine et qui allait bientôt
mourir. Il était là, si faible, cramponné
aux parois, au-dessus de la mort. C'est
un grand malheur, mon Dieu. Elle me
saisit, et toute tremblante encore, elle se
prend à crier. Le petit Auguste, dans
l'eau, elle n'avait pas la force de le cher-
cher. Elle crie. Les pauvres femmes des
villages, qui n'ont jamais rien vu, plient
sous la main de Dieu et attendent, en
pleurant, la fin de leurs malheurs. Les
voisins arrivent. Voici la maman du petit
Auguste. On le retire. Elle le prend, elle
court, elle est folle. Petit Auguste et sa
maman : on le couche tout blanc dans
son lit et sa mère est debout qui ne sait

plus rien faire parce que son enfant ne
peut pas s'éveiller.

Le médecin ne le ramena pas à la vie.
Dieu est un trompeur. Voyez-vous ce
petit Auguste, il le pétrit avec une chair
blanche et lui donne un cœur malade
pour que sa mère lui fasse prendre des
médicaments. Elle ne craint plus rien
lorsqu'il a bu ses potions. Et un jour,
alors qu'on l'a soigné et qu'on espère,
Dieu met la mort dans une fontaine pour
attirer le petit enfant. La mère reste
seule et toute la vie elle pleure en disant :
Je lui faisais prendre des remèdes. Il
aurait fallu simplement fermer la porte
de la cave. Mon Dieu, mon Dieu, si j'avais
su.....

II

Cinq ans, six ans et sept ans, la joie...

Un jour de septembre, lorsque j'avais sept ans, j'eus mal aux dents. Mal aux dents, c'est triste. Cela prend les idées et les comprime jusqu'à ce qu'elles souffrent comme des bêtes et ne sachent plus que dire : J'ai mal aux dents. Maman faisait la lessive. Je rôdais autour d'elle, inquiet,

je marchais en me plaignant. On dirait
que nous promenons notre douleur afin
de l'égarer, pour qu'elle se perde dans un
coin et ne puisse plus nous retrouver.
Maman s'interrompant me regardait avec
de bons yeux. Les souffrances d'un enfant
sont des souffrances imméritées. Le Destin martyrise quelqu'un qui se plie et
qui pleure avec tant de faiblesse que l'on
pense : Nature, tu es forte, mais tu es bien
injuste. Maman m'embrassait : Mon pauvre petit, tu as mal aux dents.

Le lendemain, j'eus encore mal aux
dents : Mon garçon, nous la ferons arra-
cher ce soir. Le médecin prend des pinces
très dures et malfaisantes comme une
âme d'acier. On ouvre la bouche, quelque
chose s'arrache, on crie. Ça y est.

Le surlendemain, j'eus encore mal aux
dents. Tu n'a pas de chance, mon enfant.
Qu'est-ce que c'est donc que ce mal de
dents qui ne veut pas finir ? Je m'asseyais
sur une chaise et je penchais la tête, pour
voir si pencher la tête ne me soulagerait
pas. Je ne promenais plus mon mal
comme au premier jour, car il était tel
que rien ne pouvait le distraire. Assis
sur une chaise et penché, voyez-vous cet
enfant : quelque chose est sur lui, trop
lourd pour ses épaules. Il pleure, il invoque sa mère, il invoque Dieu et toutes
les puissances qu'il connaît : quelque
chose est sur lui, terrible comme un châtiment. La mère pense : Mon enfant ne
vous a jamais offensé, mon Dieu, et moi
que vous ai-je donc fait pour que vous

vouliez le punir ? Mon Dieu, c'est à moi
que vous auriez dû donner cette souffrance.

Il y eut une fluxion. Elle croissait. On
fit venir le médecin qui la tâta, la pressa,
n'y connut pas grand'chose et dit : « C'est
sans doute un abcès, nous le percerons
dans quelques jours ». Ces visites du
médecin nous rassurent un peu et l'on
souffre avec plus de calme en vue de la
guérison.

Le médecin revint. Ce n'était pas un
abcès. Quelque chose : une grosseur, une
tumeur, on ne sait quoi,.. Ma pauvre tête
entière était malade. Je sentais cela sur
mon front, sur mes cheveux, dans mon
cerveau, sur ma nuque, comme une
grosse main appuyée qui me faisait cour-

ber la tête. Le médecin ordonna une pommade. Pommade, pommade, tous les matins et tous les soirs le mal se riait de vous et vous restiez là, inoffensive et ridicule. Pommade, pommade, tous les matins et tous les soirs, votre pot de pommade désemplissait un peu, mais vous étiez, blanche, aussi vaine qu'une belle dame auprès d'un accident.

Un jour succède à l'autre pendant qu'une douleur succède à une autre douleur. Voici les jours noirs qui naissent avec un matin fatigué. Huit heures et la soupe sont tristes comme un remède à ceux qui n'ont pas d'appétit. Neuf heures, dix heures, onze heures, la Douleur habite votre cerveau, votre mâchoire, vos tempes et votre sang. Vous n'êtes plus vous,

cet enfant aux regards et aux idées, car
la Douleur vous bouche les yeux et remplace vos idées. Et midi, en vous offrant
ses bons plats de campagne, vous fait
souffrir encore. Enfin l'après-midi s'étend
comme une plaine de sable où l'on est
perdu avec l'Ennui, avec le Soir et avec
la Mort.

Et le médecin revint. C'était un gros
bourgeois de province qui mangeait,
chassait et buvait, et visitait les malades
avec un vieux reste de science qu'il rap-
porta de Paris. Brave homme et bon
cœur, qui s'apitoyait comme un igno-
rant et disait : Pauvre petit bougre ! Du
reste, il n'osait pas pratiquer d'opération
chirurgicale par crainte de faire souffrir
le pauvre monde. Je pense que c'est sur-

tout parce qu'il n'était pas sûr de lui-
même. Il ne comprit jamais rien à ma
maladie. Son savoir fut épuisé lorsque,
après la pommade, quelques remèdes
amers et dépuratifs me fatiguèrent bien
plus.

Je m'affaiblissais chaque jour. Vous
voyez un enfant dont le corps s'en va, qui
sent partir sa chair, et dont l'âme anime
seulement quelques tissus frêles et qui
dépériront encore. Il y a des pommettes
pointues, des mains translucides et osseu-
ses, et sous ses habits il y a douze côtes
saillantes qui semblent l'intérieur d'une
maison de misère Cependant que cette
grosseur de la joue grossit, s'accroît de
tous les malheurs d'alentour et veut de-
meurer à jamais, comme un parasite ins-

tallé chez un pauvre homme.

Le médecin alors se tourna du côté de la chirurgie qu'il n'aimait guère, mais il fallait me sauver. Il feuilleta des livres, car il avait de la bonté, si bien qu'un matin il osa faire une incision. Et la souffrance et la peur se joignaient en moi, pareilles à deux mains qui s'unissent et pressurent un cœur.

L'incision fut faite, après laquelle il y eut une plaie suppurante et dont on entretenait la suppuration. Je fus à cette époque un enfant de sept ans qui, la tête cerclée d'un bandeau, offrait à l'air un visage pâlissant dans les linges. Tout le jour, ma petite chaise et moi, au pied du lit, au coin du feu, formions un meuble immobile et geignant. Parfois maman changeait les pansements avec ses bons doigts, mais un toucher, une caresse en passant remuent la vie douleureuse d'un malade et l'agitent. Alors elle me prenait sur ses genoux et me berçait. Or il y avait en son sein une chaleur qui m'endormait le soir, loin des abcès cruels, auprès d'une mère dont les deux ailes me recouvrent.

Cet abcès ne termina rien. Un jour il se ferma et la grosseur de ma joue subsistait. Le médecin encore me tâta, me fit ouvrir la bouche, examina toutes choses, réfléchit un instant et dit : « Décidément je n'y comprends rien. Un nouveau médecin vient de s'installer ici : vous devriez le voir afin qu'il essaye aussi de guérir votre enfant ».

C'est ainsi : Il y a des étudiants en

médecine qui s'amusent à Paris et qui
étudient afin d'être docteurs. Et puis ils
sont riches et s'établissent dans un coin
de province où ils doivent guérir les malades. Leur vie est joyeuse auprès des
gentilshommes campagnards alors qu'ils
mangent et qu'ils boivent. Ils courent un
peu les filles, ils chassent, et ce sont des
bons vivants. Ils parcourent la campagne
et font leur métier pour augmenter leurs
revenus. On les aime parce qu'ils sont
gais et parce qu'ils se portent bien.
On leur ouvre les portes et on les accueille dans les maisons comme on
accueille la guérison. Et enfin, lorsqu'ils
ont fait plusieurs visites à deux francs, la
maladie s'est aggravée et ils vous disent :
« Je ne comprends rien à votre enfant et

vous déclare que vous ferez bien de le montrer à un autre médecin ».

Le second médecin ressemblait au premier. Fils d'un paysan riche, il voulait s'enrichir encore et brillait de manière à contracter un beau mariage. Mais c'était un bon jeune homme d'alcool et de gaîté qui s'agitait et savait me faire rire. Nous allons à son cabinet, le jeudi matin, lorsque nous traversons la place du Marché. Il y a des gens, le jeudi matin, qui font leurs affaires en vendant des œufs : maman fait ses affaires en conduisant son petit au médecin. Vendre des œufs, c'est gagner de l'argent; soigner son enfant, c'est gagner de la vie. Lorsque nous entrons plusieurs personnes attendent et nous attendons à notre tour en causant tout bas pour faire passer le temps. Maman dit : « Savoir ce qu'il va bien nous dire, aujourd'hui. C'est peut-être cette fois-ci qu'il te guérira ».

Petit cabinet du médecin avec des fauteuils, des tables et des livres, je vous revois. Vous me sembliez plein de luxe parce que vous étiez plein de tapis, vous étiez silencieux aussi pour accueillir les malades et à cause de vos livres vous aviez l'air savant comme votre maître. Petit cabinet du médecin, vous étiez une petite chapelle où le Bon Dieu accueillait les blessés. Nous entrons ici pour connaître notre Destin. Maman, un peu pâle, me

tient par la main. Vous étiez très bonne,
petite chapelle, lorsque le Bon Dieu me
disait : Assieds-toi. Il me tâtait en demandant : Est-ce que je te fais mal, mon petit
bonhomme ? Il me regardait dans la bouche aussi, et c'était drôle parce qu'il
disait : Allons, ouvre le bec. A la fin il y
avait tel ou tel remède à prendre qui faisait battre notre cœur : C est peut-être le
vrai remède. Et quand nous sortions le
médecin me caressait et me donnait de
l'orgueil parce que je savais répondre à
ses questions : Qui est-ce qui a succédé à
François 1ᵉʳ ?

Nous remontions chez nous, le jeudi
matin. Un enfant et sa mère ont descendu
cette rue en ne sachant pas, voici qu'ils
la remontent en souriant. Les nouveaux

médecins sont pareils aux nouvelles amantes qui donnent un nouveau bonheur. Et vous, jeudi matin, avec cette clarté vous embellissiez la semaine. Jeudi matin, je vous aime, et maintenant vous êtes encore pour moi un matin d'espérance.

Pendant longtemps les remèdes se suivirent. Nous courons chez le pharmacien et je les utilise immédiatement. Il ne faut pas laisser au mal un seul des instants qu'on peut lui soustraire. Les premiers jours j'étais bien naïf. Chaque potion amère fut un divin liquide inventé pour le bonheur humain. Je la bois, je la sens en moi, je gesticule en criant : A présent, je suis guéri !

Un peu plus tard encore j'espérai au

lendemain. Celui qui se couche plein de souffrance, la Nuit le prend entre ses mains et le caresse et le repose. Demain matin, la fatigue s'en est allée, le sommeil vous a lavé la tête, et la grosseur de votre joue — vous souvenez-vous? — eh bien ! elle n'est plus là.

Un peu plus tard encore j'espérai dans la fin de la semaine. Plusieurs jours sont nécessaires pour que ce remède entre dans votre sang. Tout d'abord vous ne sentez rien parce que son travail ne s'est pas fait, mais bientôt lorsqu'il a pénétré votre chair, toute votre chair se transforme, les humeurs, dissoutes, s'en vont et se perdent. Peut-être bien que la prochaine visite au médecin sera la visite de guérison.

Mais, hélas ! espérances décevantes,
belles espérances de mes jours, qui m'a-
vez trompé, je vous ai vu partir l'une
après l'autre comme les fleurs d'un jardin
qui n'ont pas laissé de fruit. Vous étiez
plusieurs à mes côtés. La première était
la plus belle : elle est partie d'abord. Sa
sœur était un peu moins belle et m'a
quitté bientôt. La troisième était modeste
et douce. Elle se tenait devant moi et
lorsqu'elle me regardait, il brillait dans
ses yeux un peu de mon âme. Je vois bien
maintenant que celle ci était la meilleure.
Je lui tendais les mains et nous jouions
ensemble à cache-cache derrière les bosquets où sont les plantes vertes et noires.
Un jour elle s'est trop bien cachée et je
n'ai jamais pu la découvrir

Ah ! oui, nos caractères savent se plier !
Facultés d'assimilation : Pauvres cerveaux
et pauvres nerfs, vous en jouez, de vos
facultés d'assimilation, pour vous habituer au malheur ! Quand les trois espérances eurent franchi mon seuil, je vécus
côte à côte avec mon mal. Je vécus à côté
de mon mal comme un homme à côté
d'une personne qu'il connaît. C'est une
mauvaise personne qui vous gronde et
qui vous bat. Elle s'assied sur votre chaise, elle prend place à votre table, elle
se couche dans votre lit, elle voudrait
entrer dans vos pensées. Mais nous sa-
vons garder nos pensées des mauvaises
personnes. Nous les enfermons au fond
de nous-même, là où sont nos sentiments
les meilleurs. Elles vivent, elles se blotis

sent au nid, elles sont de bonnes pensées tièdes et frileuses. Mélancoliques pensées des malades, pensées bonnes et fines, l'âme à son tour prend un peu de votre forme, et bienheureux les enfants malades car ils auront de la finesse et de la bonté !

Maman, qui me voyait dépérir, ne s'habituait pas à mon mal. Il y avait un enfant qui ressemblait aux autres enfants, avec sa vie saine et son bonheur. J'étais beau comme un travail qu'elle avait fait. Je représentais une partie de sa chair et de son sang, et sur mes idées on sentait que ses mains avaient passé. Or, cet en-

fant qui jouait s'assied dans un coin pour
souffrir. Ce travail que l'on a fait, ce bel
objet qui vous avait coûté tant de peine,
qu'un souffle passe encore : il sera brisé !
Et la chair de votre chair se corrompt, le
sang de votre sang s'amasse en un endroit de la joue et devient du pus et de
la douleur. Oui, ses idées sont bien ce
que j'en avais fait, mais les idées, dans ce
corps maigre, tremblent et pâlissent jusqu'à ce qu'elles meurent, mon Dieu !

Alors, puisque le médecin n'y pouvait
rien, maman s'arrangea pour me guérir
elle-même. Les médecins qui ont fait des
études connaissent beaucoup de maladies, mais pour guérir un malade, il faut
l'examiner avec cet instinct que donne
une grande bonté. Dans les hôpitaux, de

vieux chirurgiens et de jeunes internés
pratiquent toute la science des écoles ;
or beaucoup d'hommes meurent parce
qu'on ne sait pas les soigner avec amour.
La Bonté est plus forte que la science
humaine. Il faudrait que la médecine fût
un sacerdoce et que chaque médecin
pratiquât son métier comme on accomplit un grand devoir. Loin des plaisirs du
monde, dans sa pensée et dans son cœur,
il faudrait que le médecin restât chaque
jour afin de se recueillir et de se fortifier.
Un cerveau, c'est bien, pour connaître les
maladies, mais un cerveau et un cœur,
cela suggère les miracles. Vous devinez
ce que vous n'aviez pas compris et votre
amour, dépassant vos idées, vous guide
dans tous les dédales. Isaac Newton dé-

couvrit la gravitation, non parce qu'il était savant, mais parce qu'il avait une âme poétique.

Les médecins qui parcourent les campagnes avec leur gros sang et leurs idées sereines passent dans les maisons et regardent les maladies comme un conducteur des ponts et chaussées regarde un remblai qu'il faut combler. Les hommes sont de simples matières où l'on exerce son métier. Or, la médecine n'est pas une science que l'on applique aux hommes comme celles que l'on applique aux pierres. Maman s'arrangea donc pour me guérir elle-même.

Je ne pouvais pas manger. La vie est une duperie : ce sont les gens maigres qui ne peuvent pas manger. La soupe

réconfortante du matin, les haricots et le
vin de midi, la soupe encore du soir, me
donnent des haut-le-cœur et je m'enfuis
sur ma petite chaise, dans mon coin, là
où l'on ne mange pas. J'aimais pourtant
les biscuits qui, trempés dans le vin,
fondent avec goût de sucrerie. Mais ce
n'est pas une nourriture, et puis, dans
nos campagnes saines, on ne veut pas
dépenser son argent à des biscuits. Maman
cherchait quelque aliment réconfortant
et qui me tentât comme une friandise.
Elle finit par penser au chocolat. Tous
les matins, tous les midis et tous les
soirs, avec une belle couleur lilas et une
odeur chaude, le chocolat au lait m'ap-
pelait comme un ami. Je fus tenté dès la
première fois. Petit gourmand, je m'ap-

prochais. Or, une force agite ma cuiller
et, jusqu'à la fin, maman, j'ai mangé
mon chocolat. On finit même par mettre
du pain dedans. Je ne mourus pas d'ina-
nition. Chocolat au lait, je vous serai
toujours reconnaissant, parce que vous
m'avez sauvé la vie.

Celui qui mange, la Nature le fait ren-
trer dans ses lois. Un repas, une digestion
et la faim qui les suit sont des phéno-
mènes essentiels. C'est un nouveau sang
qui se forme, une nouvelle chair aussi, et
puis il semble que de nouvelles idées se
forment en même temps. Vous participez
à la vie ordinaire qui se compose de chan-
gements. Vous êtes en mouvement comme
le vent, comme les hommes et comme
toutes les forces naturelles. Un malade se

renferme et se replie vers le passé Sa
pensée se souvient et revit les anciens
instants tandis que son corps absorbe et
boit les anciennes substances. Et il arrive,
en ce temps-là, que sa pensée s'étiole et
que son corps s'amaigrit parce que les
anciens instants sont passés et parce que
les anciennes substances sont épuisées.

Maman se dit qu'elle devait faire revi-
vre mes idées comme elle avait fait revi-
vre mon corps. Elle me fit retourner à
l'école. Ça me distraira. Certainement, et
lorsque je descendais avec mes cahiers
sous le bras, je pensais à des choses de
l'école. Je devenais studieux. L'histoire
de France m'emplissait la tête de ses
actions de rois et de ses batailles. Je connus des bruits d'armures que frappaient

les épées, alors que Duguesclin, Jeanne
d'Arc et les Anglais habitaient mon âme
avec force comme ils avaient habité ce
monde. Histoire de France aussi, vous
m'avez sauvé la vie.

C'est à cette époque qu'une vieille mendiante avec son enfant passa devant notre
maison. C'était une vieille femme, habi-
tant à quelques lieues de là, qui, tous les
mois, venait dans notre petite ville où les
riches bourgeois avaient l'habitude de lui
faire des dons. On la voyait passer, tenant
son panier d'une main et son enfant de
l'autre main. Son panier contenait les
choses de sa vie : des œufs, des légumes

du vin et son porte-monnaie, et son
enfant contenait tout son bonheur. Chaque mois on la voyait passer avec ses
vêtements propres, son bonnet blanc et
son visage couleur de grand air. Elle
habitait, sur la lisière d'un bois une
petite cabane qu'entouraient les champs
jaunes du Berry et la forêt profonde de
mon pays. Mais jamais on ne l'avait aper-
çue dans sa cabane. Les gens, en passant,
disaient : C'est ici la maison de la mère
Henri, et les contrevents étaient fermés
et la porte barrée. Voyages de vieilles
mendiantes, voyages souvent lointains
de celles dont la besogne est par les routes ! Les voyages forment l'esprit, car on
récolte dans les champs, dans les maisons et sur les chemins presque toutes

les connaissances de la vie. C'est ainsi
que la mère Henri apprit à faire, avec
des plantes, une eau que l'on appelle l'eau
rouge et qui soulage de toutes sortes de
maux. Elle guérissait aussi de la « loubée ». Je n'ai jamais su ce que c'était que
la « loubée », mais la mère Henri guérissait de la « loubée ». Si elle avait été plus
vieille, solitaire et sale, on aurait cru
qu'elle était sorcière. Mais elle avait un
enfant comme les autres femmes, elle
était propre comme les autres femmes
encore, elle causait ainsi que tout le
monde, et l'on croyait simplement qu'elle
avait appris le long des routes quelques
uns des secrets des plantes.

Depuis quelque temps maman la guet-
tait à passer. Il y a des espérances ina-

vouées que nous plaçons sur les vieilles têtes du hasard. Maman pensait que la Vérité qui voyage peut rencontrer ceux qui rôdent. Et puis il y a toujours des voisins qui connaissent le cousin d'une personne qu'une vieille mendiante a guérie. Enfin le succès appartient à ceux qui le cherchent partout, même où ne s'arrêtent guère les succès.

Maman appela la mère Henri : Nous pouvons toujours essayer, disait-elle. Mère Henri, je vous vois encore lorsque vous arriviez lentement, avec votre bon air, comme ceux que l'on attend. Vous m'avez aperçu, la tête entourée d'un bandeau et vous avez dit : En effet, l'on m'avait appris qu'il était malade, votre petit. Votre enfant était avec vous. Maman tout de

suite vous raconta que c'était un mal qui
ne voulait pas s'en aller. Et parce qu'elle
était impatiente de ce que vous lui diriez,
elle défit bien vite le bandeau. La grosseur était là. Vous l'avez touchée du bout
des doigts par crainte de me faire mal.
Ensuite vous avez dit : C'est sans doute
de l'humeur, et vous nous avez regardés.
Vous avez bien vite ajouté ; « Il faudrait
mettre là-dessus un saint-bois. Un saint-
bois, c'est une petite écorce qui attire
l'humeur et la fait sortir en dehors. On
en trouve chez tous les pharmaciens ».

Alors maman, pour vous remercier,
vous offrit de manger du pain et du fro-
mage en buvant un verre de vin. Vous
avez accepté et votre enfant s'est assis
auprès de vous sur la petite chaise. Voilà,

mère Henri. Je me souviens de votre amour pour votre enfant. Vous lui donniez à manger et à boire en disant : Mange bien, bois bien, mon petit. C'était un enfant bien élevé qui mangeait proprement parce qu'il avait l'habitude de manger, comme cela, chez des gens aisés qui n'aiment pas que les pauvres laissent des miettes. Vous le regardiez. Mère Henri, aussi longtemps que durera ma mémoire, je me souviendrai des regards que vous donniez à votre enfant. Vous étiez une vieille malheureuse, dans une cabane, et qui voyage pour aller tirer les sonnettes par tous les temps de pluie et de soleil. Votre main brune, l'hiver, pressait votre sein où glissait le vent gelé et vos vieux pas d'été, pleins de sueur, marchaient au

soleil sur les routes sans nombre qui
usent vos jambes pour vous donner du
pain. La pauvreté vous entourait le corps
comme une grosse corde et vous traînait,
ainsi qu'un maître traîne une bête, pour
la montrer aux portes des maisons. Mère
Henri, quand vous regardiez votre enfant,
l'on sentait que vous étiez une femme heureuse. Vous regardiez votre enfant comme
Jésus doit regarder ceux qu'il a mis au
monde et qu'il fait souffrir. Mais surtout
vous le regardiez comme on regarde son
bonheur. Votre enfant vous semblait beau
comme un château avec un parc. Le maître
s'arrête et contemple, en pensant qu'ici
c'est sa vie : la richesse, l'aisance et la beauté. Votre enfant était meilleur que la chaleur des bons foyers, que les baisers des

amoureux et que la viande que l'on mange
en buvant du vin. De toutes ces choses il
vous tenait lieu. Alors vous l'admiriez.
Ce jour-là il tombait de la pluie. Votre
petit garçon dit : Il pleut Dans nos pays
on parle très mal et l'on dit : Ça pluit.
Vous le fîtes remarquer à maman : Voyez-
vous, madame, mon petit ne dit pas : Ça
pluit, mais il dit : Il pleut. Votre petit
garçon sourit : Voyez donc, madame,
disiez-vous, comme il a de belles dents.
Et quand vous vous êtes levée pour partir, maman vous a dit : Il a l'air bien
intelligent, votre petit. Alors, mère Henri,
j'ai vu vos deux yeux comme deux âmes
profondes dans lesquelles l'Amour est
tombé.

Puis vous êtes partie entre votre panier

et votre enfant. Votre panier contenait
votre vie, mais votre enfant contenait
tout votre bonheur.

Un saint-bois. Maman n'osa pas l'ap-
pliquer. Sur ma joue, au siège du mal, il
ne faut pas des remèdes de bonnes femmes. Un saint-bois peut être bon, mais la
prudence conseille de ne pas s'en servir.
Maman ressemblait aux vieux paysans
malades qui appellent un médecin. Le
médecin dit : Ce n'est rien, il faut prendre
tel ou tel médicament facile. Alors on
l'écoute parce que si cela ne fait pas de
bien, cela ne peut du moins pas faire de
mal. Mais si le médecin commande une
médication compliquée, le vieux hoche la
tête et pense : Il se trompe avec tous ses
remèdes de pharmacien, et mon mal par-

tira comme il est venu. Les médecins sont pareils aux conseillers, que l'on écoute lorsqu'ils sont de notre avis.

Ma mère pourtant était ébranlée. C'est une pente irrésistible, sur les routes irrégulières, et qui nous précipite jusqu'à sa fin. Tu as interrogé la science d'une commère : tu l'as comprise et tu voudras la compléter. La curiosité se joint à l'espoir et nous pousse. Pour maman, l'espoir surtout la poussait. Un saint-bois agit parce qu'il attire l'humeur. Pourquoi ne la transporterait-il pas à l'endroit que l'on aurait choisi ? Sur un bras de mon enfant, si je mettais un saint-bois, par ce moyen on verrait toute l'humeur s'en aller, et celle de la joue aussi. Maman fit part de ce raisonnement à toutes nos

voisines et chacune l'approuva : Moi, à
votre place, j'essaierais. Pendant quelques
jours encore maman retourna cette idée
dans sa tête et l'ayant bien appréciée,
résolut, un samedi, de l'expérimenter
pour une durée de huit jours.

Hélas ! vous, saint-bois, entre deux
samedis qui restâtes sur mon bras, pauvre remède de bonne femme, vous nous
avez trompés ! Nous étions habitués aux
déceptions depuis les temps de la pommade et de l'incision et de plus nous ne
laissions croître que de toutes petites espérances afin que leur départ ne fît pas
en nous trop de vide. Mais vous, saint-
bois, remède de bonne femme, humble
remède de gens comme nous, vous n'auriez pas dû tromper les vôtres ! Nous vous

avons pardonné : nous avons même cru
que nous n'étions pas assez hardis. Maman dit : « Ce saint-bois, il faudrait le
mettre sur ta joue, mon petit, mais je ne
l'ose pas. La mère Henri avait peut-être
raison, qui voulait que l'on attaquât le
mal en son endroit. »

Ensuite le temps passa comme passe le
temps des malades. Nous n'avions pas
parlé de notre femme au médecin, parce
que les médecins sont des gens savants
qui n'aiment pas la concurrence. Le temps
se levait chaque matin et traînait des
jours gris dans notre maison, le long des
rues de l'école et parmi les livres. On le

voyait se dresser pendant des heures et poser ses poings lourds sur ma tête. Nous allions souvent chez le médecin, et ces jours-là le temps de notre vie semblait un peu plus clair et plus léger. On dirait que les médecins nous guérissent du temps. Nous allions chez le médecin. L'hiver passa, le printemps aussi, l'été vint, et nous allions encore chez le médecin. Aide-toi, le ciel t'aidera. Ah ! oui nous nous aidions, mais le ciel mettait bien longtemps à nous aider. En avons-nous usé de la patience, maman! Lorsque nous nous donnions la main en descendant chez le médecin, nous pensions : Il y a bien longtemps que nous connaissons ce chemin. Et nous remontions tous deux en pensant : Il y a bien longtemps déjà que le médecin ne connaît rien à ce mal.

Le temps passa, tout habillé de fer, comme un guerrier dangererreux qui ne veut pas passer.

Une fois le temps s'arrêta auprès de nous. C'est parce que ce médecin croyait que deux cautères pourraient me guérir. Oui, le médecin dit un jour : « Il faudrait lui poser deux cautères. Ça ne sera pas grand'chose et ça le soulagera certainement. » Il me demanda : « Comment écris tu cautère ? — *C o t e r r e*. — Mais non, répondit-il, parce que ça ferait coterr...re. Il faut l'écrire *c a u t è r e*. » Savoir écrire leur nom me rendait les cautères familiers. *C a u t è r e*, vous ressembliez à mes bêtes familières, à Jeanne d'Arc et à Napoléon et vous veniez à moi comme eux, à travers ma jeune science, pour faire du bien à mes maux. Pendant huit jours, *c a u t è r e*, nous vous attendions comme un bienfait : moi parce que je vous connaissais, et maman parce qu'elle espérait en vous. Je crois que jamais, cautère de mon enfance, vous ne fûtes ainsi reçu chez les hommes par un fils et sa mère qui vous attendaient.

Certes, nous avions expérimenté bien des remèdes, mais tout nouveau remède est doué de propriétés particulières, (dont la meilleure est, je crois, d'entretenir l'espérance). Les médecins nous promènent à travers les connaissances humaines.

Le matin des cautères je ne m'attendais pas à ce qui allait arriver. Connaissant ma maladie, mon cerveau l'avait domes-

tiquée et l'associait à ma vie sans crainte
de rébellion, mais un jour il s'aperçut que
cette bête domestique était une bête parce
qu'on agissait avec elle comme avec une
bête. En effet les cautères prennent la
chair et la rongent furieusement. On voit
ainsi une bande de chiens de chasse dévo-
rer un sanglier des bois. Le médecin opé-
rait, maman me tenait la tête et moi je
me plaignais longuement, avec des gei-
gnements égaux. Je me plaignais bien
plus à cause de ma maladie qu'à cause
des cautères. Je revoyais cette grosseur
que Dieu posa sur ma joue et qui me
traînait, depuis si longtemps déjà, sur sa
route ardue où mes forces se lassaient.
Je demandais compte à toutes les puissances humaines ou divines de leur ma-

lédiction. Vous m'avez blessé, moi qui n'ai rien fait. J'allais à l'école tous les matins, et j'accomplissais tous mes devoirs lorsque vous m'avez blessé. Et vous m'avez blessé au visage afin que la blessure fût visible et pour que le châtiment fût profond. Ma joue se creuse sous deux cautères et c'est une marque infâme que vous m'imposez à jamais. Mais au moins laissez-moi guérir. Entrez votre poing dans ma chair et que j'en souffre, mais au moins laissez-moi guérir.

Quelques jours plus tard, lorsque le médecin enleva les deux cautères, il y avait deux trous que nous devions faire suppurer. Jusqu'ici j'avais bien su que j'étais malade à cause de mes souffrances, de mes remèdes et de nos visites, mais

ces maladies élégantes restent à notre
surface, comme des douleurs aristocrati-
ques. Presque du bonheur est sur elles.
On se dit : « Je suis malade », pour se
distiguer des autres hommes et l'on sent
que la maladie est une supériorité parce
qu'elle affine les malades. Mais si la chair
se rompt, la maladie se montre par deux
trous et devient une maladie honteuse.
Alors le malade est un homme blessé qui
laisse ses pensées dans ses blessures, où
elles se corrompent à leur tour et vivent
avec des plaies.

J'avais perdu mon calme et mon accou-
tumance. A l'école, mécaniquement les
choses entrent dans ma tête. Il y a deux
parts dans mon esprit : l'une où viennent
les connaissances du monde, malgré moi,

parce que j'ai des sens, et l'autre où sont
deux trous que mon âme habite. Moi,
c'est la seconde part, c'est mon âme recro-
quevillée qui pense et qui pleure. Un jour
que je n'écoutais pas ses observations,
'instituteur me donna une gifle. Alors on
vit baver deux filets de pus sur ma joue,
qui étaient une tare cachée qui se montre
et par laquelle on comprend qu'il ne faut
pas toucher à cet enfant puisque sa chair
se décompose. Ces deux filets de pus me
séparaient du monde.

Mes nuits étaient noires et rudes. Un
sommeil implacable me gardait, pieds et
poings liés, sans connaissance et sans
pensée. De toute ma fatigue venait cet
accablement et tout mon corps y parti-
cipait, par ses sens, par ses membres et

par ses organes qui ne pouvaient plus
agir parce que le mal les avait usés. Mais
un ronflement marquait ma vie, et ce
ronflement encore était de la fatigue. Je
ronflais comme on râle, avec une respi-
ration qui voulait jaillir mais qui devait
traverser des marécages. Quand parfois
je m'arrêtais, maman pensait : Sa respi-
ration peut-être n'a pas pu sortir et elle
me tâtait pour voir si je n'étais pas mort.
Je m'éveillais le matin, amer, et la bouche
pleine d'un pus qui semblait aussi gagner
mon cerveau où des idées s'épaississaient.

Il y eut un jour où je ne pouvais pas
fermer la bouche : quelque chose, comme

une dent de sagesse, pointait pour la tenir
entrebâillée. Le médecin dit : « Mais
voilà, c'est l'os qui sort. Je comprends
maintenant sa maladie, Voyez-vous, Madame, c'est l'os qui étais gâté. Je m'en
étais toujours douté ».

Il prit une pince et enleva le morceau
d'os ainsi qu'on enlève une dent. Le voici.
Nous le regardâmes, maman et moi, comme une partie de nous-mêmes et avec une
grande crainte. Nous avions peur parce
qu'un os gâté doit ressembler à une plaie
et nous pensions la voir et souffrir à cause
de sa profondeur et de son pus. Mais non,
et c'était simplement un petit os poreux
un peu plus gris qu'il n'aurait dû. Alors
nous fûmes bien étonnés de ce que si peu
de chose pût produire tant d'effet.

Nous l'enveloppâmes dans du papier
de soie pour le conserver, mais nous
n'étions pas rassurés. Ça commence par
un petit os de la mâchoire de même
qu'une carie d'os commence par une
fluxion légère et ça se poursuit longtemps
comme un mal qui ronge. C'est une frac-
tion et c'est une autre et puis c'est tout
un os qui disparaît. Et d'autres os s'en
vont qu'a corrompus un mauvais voisi-
nage, car les maux gagnent de proche en
proche avec la mort pour but. On comprend que l'humanité est faite pour les
maux lorsqu'on voit leur naissance et
leur développement. Un os de ma mâchoire sort par ma bouche et nous nous
demandions si tous les os de ma tête n'al-
laient pas sortir par le même endroit.

Ah ! les semaines qui suivirent ! Je sentais ma mâchoire en travail, qui se désagrégeait seconde par seconde, comme le temps se désagrège, et avec cette assurance égale que donnent les grandes forces. Voilà ce que je croyais sentir. Lorsque mon sang avait un peu plus de vie, alors qu'un peu de calme semblait me revenir, cela accélérait encore la vitesse du mal. C'est une marche vers la mort. Dieu parfois la rend agréable et rapide, mais c'est afin de mieux nous tromper, pour que nous arrivions plus tôt à sa fin. Et j'étais un pauvre enfant plié. Je m'asseyais sur ma chaise, je me couchais dans mon lit, j'étendais mes bras en croix, comme l'Autre, qui avait tant souffert, et je n'aurais pas voulu souffrir, et je n'aurais pas voulu mourir.

Les actions de la Vie me semblaient superflues. Ah ! c'est la fin de l'été et c'est un peu l'automne, et il y a un beau soleil dans le ciel bleu. Que m'importaient ces choses ! Et que m'importaient le travail, les paroles et les visites au médecin ! Mes idées habitent deux trous de ma joue, auprès des os de ma mâchoire, dans un pays où l'on ne vit plus qu'une vie maigre et pourrie. Le Monde est malsain, les médecins ne savent pas guérir les malades et le travail et les paroles sont superflues puisque l'on doit mourir.

Ma pauvre maman me prenait la main et m'entraînait. Il faut une grande persistance dans nos espoirs et suivre courageusement le Destin où il nous conduit.

Le Destin nous conduisait encore au cabinet du médecin. Maman le suivait, égale et forte comme les forces qui nous poussaient, et le suivait jusqu'au bout en me traînant par la main. Je m'en allais avec des petits pas de laine et la tête baissée et je sentais en moi toutes les défaillances d'un vaincu. Aie du courage, mon petit enfant. Les médecins qui nous enlèvent nos os ne nous font pas souffrir longtemps. Et puis je t'achèterai des biscuits. Tu les mangeras avec du vin, et tu sais qu'ils sont bons comme des bonbons et qu'ils fortifient le cœur des enfants malades.

Une autre fois elle me dit : « Si tu es bien sage et que tu ne cries pas, je t'achèterai un crayon rouge et bleu. » Un

crayon rouge et bleu, je voulais le gagner,
parce qu'il sert à composer de beaux des-
sins. Ce jour-là, le médecin aurait pu m'enlever bien des os sans me faire crier. Un
crayon rouge et bleu possède une grande
puissance à cause de ses deux couleurs
éclatantes qui rappellent l'uniforme des
soldats. Je le voyais devant mes yeux et
doué d'une grande beauté. Il faut souffrir
pour le posséder, mais la possession en
est si bonne qu'il semble qu'ensuite on
ne pourra plus mourir.

Le médecin dut faire un voyage à Paris. Avant de partir il nous dit : « Je vais
emporter un des petits os que nous avons

arrachés pour le montrer à l'un de mes anciens professeurs ». Et quand il revint, voici ce qu'il nous apprit : « C'est bien une carie d'os comme je vous l'avais dit. Il aurait fallu pratiquer une opération et gratter la partie malade, mais nous ne le pouvons plus maintenant à cause de la faiblesse de cet enfant. Laissons, et le mal s'en ira seul ».

Nous laissâmes. La résignation des pauvres gens s'étend sous le ciel comme une bête blessée et regarde doucement les choses dont elle ne peut point jouir.

Auprès du médecin, mon mal s'accrut parce que c'était dans ma destinée. Il aurait fallu une opération chirurgicale, mais nous n'en voulions à personne en pensant que nous étions de pauvre gens.

Les ouvriers savent que la vie est pénible
puisqu'il faut travailler chaque jour et les
maladies leur montrent qu'elle est plus
pénible encore puisqu'on ne conserve pas
toujours cette vie pour laquelle on a tra-
vaillé. Les médecins sont riches et leur
fortune les éloigne de nous. Ils passent
en voiture, leur regard s'arrête à peine
sur nos humbles maisons et leur esprit
les considère un instant, puis s'en va.
Nous restons penchés sur nos besognes et
nous acceptons les lois naturelles : le travail, les maux et la richesse. Nous disons
simplement : Nous n'avons pas de chance.
Et c'est la formule dernière de nos cerveaux grâce à laquelle nous pourrions
vivre dans le malheur éternel.

Il arriva que le dernier morceau d'os
sortit de ma mâchoire. Je fus guéri, et
nous en étions étonnés.

III

Mais, douze ans, parfois l'Avenir les
guette et s'en empare. L'Avenir est un
vieil homme qui nous regarde et un
très vieil homme qui sait nous regarder
selon nos désirs. L'Avenir a deux faces.
Avec sa face d'expérience, pour regarder
nos mères, il se fait riant et sérieux à la
fois et puis il est impérieux : Moi, je suis
l'Avenir, et il faut compter avec moi.

Avec sa vieille face, pour nous regarder
il se fait enfantin. Des clochettes à son
chapeau, dig din don, c'est le bonhomme Avenir qui vient voir ses enfants et
qui les conduira dans son pays. Il est
notre protecteur et notre camarade. Il a
la confiance de nos mères, et nous qu'il a
charmés, il nous prend par la main sur la
grand'route et nous conduit là-bas. Là-
bas, vieil Avenir, j'ai cru que c'était le
Bonheur. Maintenant je te connais bien,
c'est toi qui nous entraînes et qui nous
empêches de goûter l'instant.

L'Avenir a pris des habits solides qui
inspiraient confiance et au milieu des-
quels il garda un visage massif comme
les personnes dont c'est métier de donner des conseils. Il entretint maman :

« Madame, vous avez un garçon de douze
ans. Je le connais, puisqu'il est le premier
à l'école. Mon métier, à moi, consiste en
cette connaissance des enfants et il consiste encore à les trier et à les diriger où
il le faut. J'ai mis votre enfant à la tête
des autres parce qu'il est intelligent et je
 'ai mis un peu en dehors à cause de sa
petite taille et à cause de son visage. Vous
savez, madame, que les hommes ordi-
naires, la vie les juge à leur visage, et
c'est pourquoi vous ne devez pas laisser
votre enfant parmi les hommes ordinai-
res. Vous vous dites que ceux qui sont
faibles peuvent être cordonniers ou garçons coiffeur, mais cordonnier c'est malsain et garçon coiffeur il y a des jours où
c'est fatigant. Et puis être défiguré.....

6   — 97 —

Madame, il faut s'y prendre de bonne
heure. Je suis comme l'instituteur qui
enseigne que l'Etat offre des bourses dans
les lycées aux enfants comme le vôtre.
C'est un bienfait, madame, dont vous
allez profiter. Votre fils sera bachelier et
les bacheliers ce sont les médecins, les
vétérinaires et les conducteurs des ponts
et chaussées. La vie leur est bien douce,
et quel bonheur d'avoir un métier qui
remplace la fortune et qui donne tant de
considération que l'on peut se passer
d'être beau ! » Maman pensait à ces paroles du vieil Avenir.

Ensuite l'Avenir vint me trouver. J'ai
bien retenu sa physionomie parce que
des rides s'y mêlaient, diversement pas-
sionnées comme mes espérances et parce

que son chapeau était un chapeau chinois à clochettes. L'Avenir n'était pas un seul homme car il resemblait à plusieurs personnes que je connaissais. Ses rides étaient multiples comme ses clochettes, et chacune avait sa forme, chacune avait son tintement. Tu marches, tu viens à moi, tu t'arrêtes. Je regarde ton visage qui s'anime, j'entends les clochette de ton chapeau. Tu es beau comme un spectacle et c'est celui de mes rêves qui défilent. Tu fronces les rides de ton front pour être grave, tu me regardes jusqu'au fond de mes sentiments, alors tu ressembles au médecin, tu es riche et savant. Tu te fais une patte d'oie autour des yeux, tu diminues tes lèvres et tu rentres tes joues afin d'être un notaire et puis tu

t'assois dans ton cabinet pour que viennent t'y trouver les intérêts de tes conci-
toyens. Tu prends de gros souliers, de
grosses joues et un gros sang rouge, tu
marches vite pour ressembler au conducteur des ponts et chaussées et parfois tu
regardes dans des instruments. Tu ne me
plaisais pas beaucoup dans ce cas-là.
Mais tu t'avançais avec un sabre et des
bottes, tu étais rouge et bleu, tu faisais
tinter toutes tes clochettes. C'est un officier qui s'avance au milieu des éléments.
Il brille plus que le monde, il fait du bruit
comme les gros animaux dont les mou-
vements font plus de bruit que ceux de
cent petits animaux : Holà ! c'est moi qui
suis le capitaine de hussards fils du notaire. C'est moi qui suis Bougainville,

La Pérouse et Monsieur le bailli de Suf-
fren. Les îles, les vaisseaux et la guerre
m'entourent, que l'on bombarde, que
l'on commande, et que l'on aime parce
qu'ils sont pleins de gloire. Viens au col-
lège où je t'attends et d'où je rayonne
avec toutes les formes qui t'ont plu. Viens,
c'est moi qui suis le bon Avenir, celui
qu'on trouve aux écoles militaires et qui
plaît aux hommes parce qu'il est riche et
doré. » Je suivais cet Avenir et je voyais
encore plus loin que ses paroles.

Voici pourquoi je subis le concours
pour l'obtention des bourses dans les
lycées et collèges.

La rentrée ! Au mois d'octobre, pour
les nouveaux collégiens, la rentrée est
pleine de nouveautés, et puis elle est le
commencement de l'Avenir. Je suis avec
maman dans le train qui nous conduit
au lycée. Des champs, des gares et des
villages s'en vont derrière moi bien vite et
la Ville s'avance, la bonne Ville-au-lycée
devant laquelle s'enfuient les champs, les
gares et les villages. Mais mon cœur va
bien plus vite encore, puisqu'il est arrivé
déjà. Je vois la Ville et le lycée, non pas
comme des choses en pierre, mais comme
des personnes accueillantes qui ressemblent, l'une au sous-préfet, l'autre au pro-
viseur. Ma bonne maman, j'étais heureux
parce que j'allais te quitter. Au coin du
feu ma vie s'était ennuyée, mes rêves

avaient bouilli, et maintenant mes rêves
entraînaient ma vie dans l'espace. Ma
bonne maman, j'avais douze ans, je connaissais quelques circonstances et je me
croyais expérimenté. Moi, assis à ton
côté, je pense que ce soir, lorsque tu
m'auras quitté, je serai mon maître avec
une bourse, avec des idées et des gestes
qui seront à moi, puisque personne ne
les surveillera. Je pense à mes camarades,
aux récréations et aux promenades pendant lesquelles on joue à des jeux de lycée
qui sont plus savants et plus beaux que
ceux de l'école. Je pense aux professeurs
qui enseignent des sciences, grâce aux-
quelles on est intelligent et distingué. Je
pense à tout ce que je ne connais pas et
que j'espère. Toi, tu es le passé, tu repré-

sentes le vieux champ borné que j'ai par-
couru, moi je vais à l'Avenir. Je vais à
l'Avenir, comme on part à douze ans
avec trois sous dans son bagage et parce
qu'on croit le monde pavé d'or.

Toi, maman, tu penses aussi. Le train
court vers la ville et fait courir ton imagination dans ta tête. Elle laisse derrière
elle les champs, les gares et les villages;
elle n'est plus à mon côté, car notre imagination devance la douleur. Pendant que
mon âme habite le lycée où nous allons,
ton âme habite la maison que j'ai quittée.
Tu sens que les murs seront davantage
des murs, que les chaises ne seront plus
que des chaises et que le lit où je couchais s'étendra, vaste et vide comme une
âme en peine. Tu sens que ta vie se heur-

tera aux murs et s'ennuiera sur les chaises, parce que le lit est vide et parce que
les choses sont des êtres qui se répondent.
Les murs te diront : Vois, nous sommes
nus. Les chaises te diront : C'est ici qu'il
s'asseyait et qu'il lisait un livre, car il était
un bon petit enfant studieux. Le lit dira :
Je suis inutile comme un mort. Moi, je
serai tout seul au lycée. Je serai mon
maître avec une bourse, des idées et des
gestes que tu ne pourras pas surveiller.
Les enfants ne savent pas être des camarades et leurs jeux sont durs comme des
combats. Et puis, mon petit, les jeux sont
bons, mais l'amour d'une mère est bien
meilleur, lui qui vous couvre les épaules
et qui vous tient chaud à tous les instants.
Les jeux c'est du plaisir, mais l'amour

d'une mère c'est du bonheur. Certes, il est beau que le fils d'un sabotier s'instruise au lycée. Il ne fera pas un sabotier comme son père dont les sabots sont pleins de peine. Mais pourquoi faut il qu'il nous quitte ! Voici l'Avenir qui commence, mais le Passé valait bien mieux. Tu penses à tout ce qui était et qui ne sera plus. Tu penses à tout ce qui sera et tu t'en défies. Un lycée, c'est une maison de confiance, mais il ne faut se confier qu'à soi-même. Je suis un enfant de douze ans qui s'en va seul, avec trois sous dans son bagage, pour un monde difficile où il faut que l'expérience soit riche comme un tonneau d'or.

C'était un grand lycée de pierre où j'ai
beaucoup souffert. Les pierres des lycées
neufs sont froides et les lycées neufs sont
pleins de pierres. Une galerie faisait le
tour de chaque étage, dont les dalles son-
naient sous nos talons comme des pierres
qui parlent. Parfois il n'y avait pas de
pierres, mais c'est qu'alors il y avait des
fenêtres. Les fenêtres étaient grandes,
pleines d'air et pleines de vent. Fenêtres
des lycées, vous vous ouvrez sur des
cours, vous êtes grandes et vides, avec
deux ou trois petits arbres et vous êtes
grandes et vides comme un désert. Vous
êtes trop claires encore, et nous n'avons
pas besoin de cette clarté dans nos salles
parce qu'elle nous montre trop bien le
silence, les livres et la discipline. Mais

les dortoirs ! Les dortoirs étaient cirés et rangés et froids. Trois rangs de lits égaux, des fenêtres égales et des lavabos à cuvette se tenaient raides et durs en un alignement qui faisait deviner la règle. Le sommeil qu'on y dort est un sommeil ordonné, sous l'œil d'un pion, et qui ne ressemble pas à l'Ange du sommeil qui prend les âmes et les porte en des pays. Le sommeil du dortoir nous laisse au lycée pour nous y reposer avec méthode.

Un enfant vient de quitter sa mère le jour de la rentrée. C'est une porte qui claque brutalement alors que c'est une mère qui s'en va. Je souris parce que la porte s'ouvrait sur l'avenir, maman était triste parce que la porte se fermait sur le passé. Je souris, j'avance avec mon cœur,

l'air est plus doux et vient en moi, et vient
jusqu'en mon cœur. La soirée d'automne
suspendait une atmosphère au-dessus des
cours, à laquelle le ciel bleu semblait
mêlé, puis baignant les bâtiments monu-
mentaux qui nous entouraient s'exhalait
religieuse et haute. Je n'ai jamais vu tant
d'orgueil et tant de bonheur en moi. Oui,
ces bâtiments je vais les habiter ainsi
qu'un palais, moi le fils d'un sabotier, et
je connaîtrai toute la science qu'ils contiennent. Deux ou trois élèves étaient
rentrés. Des anciens On accueille un
nouveau sans moquerie et sans curiosité, avec le bon désir de s'habituer à un
camarade. Ils causèrent. Les camarades
dont ils parlaient, je gardais leurs noms,
à force d'attention, et je les mettais dans

mon cerveau pour commencer à vivre au
milieu d'eux. Ils parlaient de leurs classes. Il y avait des noms, rhétorique et
philosophie, dont je ne comprenais pas
le sens et qui semblaient enfermer un
enseignement si élevé que je n'osais pas
même en rêver. Un élève dit qu'il passe-
rait son baccalauréat ès-sciences l'année
suivante. Je le contemplai comme un
grand homme. Un pion nous surveillait.
Je le regardais à la dérobée, pensant qu'il
était professeur, pour voir comment est
faite la physionomie d'un savant. Que la
soirée fut courte ! Tous les hommes, toutes les choses et toutes les paroles en-
traient dans mon cœur comme un sentiment. Puis nous mangeâmes, puis nous
allâmes au dortoir et la nuit fut bien

longue, qui me séparait du lendemain où
je devais vivre un jour désiré.

Le lendemain me donna son spectacle
et me plut ainsi que toute nouveauté
plaît aux enfants. Le matin, la messe du
Saint-Esprit nous réunit dans la chapelle
du lycée, avec les professeurs en redingote noire, et qui avaient l'air graves et
distingués comme leur redingote même.
Puis il y eut une récréation pendant la-
pelle je me mêlai à quelques-uns de ceux
que j'avais connus la veille. Promenades
en rond, conversations à souvenirs des
anciens, et nouvelle existence à laquelle
on essaie de plier ses goûts! Il y eut le
repas dans un grand réfectoire en mar-
bre et l'on nous donnait de la soupe, de
la viande et des légumes. Le soir il y eut

la classe. C'est pour la classe que je suis
venu ici et je m'assieds au milieu des
autres, avide et curieux. Le professeur
portait une grande barbe noire comme
on n'en porte pas dans nos pays parce
qu'elle montre qu'on est sérieux et ins-
truit. Il nous dicta une dictée pour connaître nos capacités. Les compositions
sont trop impressionnantes et moi qui
avais toujours zéro faute, la classe, le professeur, la composition me troublèrent jus·
qu'au fond de mes facultés et me firent
commettre huit fautes. Lorsque, plus
tard, j'appris cela, et que je fus classé le
treizième, j'en conclus que toute composition du lycée est plus difficile et toute
science plus élevée que les compositions
et les sciences de l'école. Mais être

treizième porte bonheur parce que cela donne envie de gagner douze places.

Le surlendemain ma vie commença. Nos enthousiasmes s'éteignent et vont à à l'eau et s'y plongent et la sentent autour de leur bouche pour noyer leur voix. Le surlendemain, après avoir assisté aux classes, je vis bien ce qu'étaient les classes avec leur science froide qui tombe. Je vis les récréations où des enfants causent puis ne causent plus parce que les enfants ne savent pas causer long-temps. Je vis les récréations où la promenade autour des murs, des bâtiments et des palissades continue le soir après avoir commencé le matin, triste comme une vieille femme noire qui fut une jeune femme blanche. Je vis les études, le pion

à son pupitre, les bancs, les tables, les
livres et la loi qui nous rappelle le travail
et la discipline. Oh ! les livres et la
science ! Auprès de ma mère ils s'as-
seyaient et ils n'étaient pas loin d'être
mes frères parce que mon cœur était
attendri et qu'il aimait toute chose. Le
pion dit : Travaillez donc, un tel ! et c'est
un ordre implacable qui nous apprend
que personne ici ne nous aime et que le
travail est dur puisqu'on a besoin de nous
l'imposer. Je vis cela dès le surlendemain
de la rentrée.

Puis je connus la solitude, toute la solitude des enfants. Avez-vous connu la
solitude à douze ans ? C'est une pauvre
solitude qui grelotte et s'assoit parmi les
autres solitudes. Les solitudes de douze

ans ne s'unissent pas entre elles car elles sont faibles et n'aiment pas le bruit. Si l'on s'unit, c'est lorsqu'on lutte et non pas lorsqu'on souffre. Les classes s'unissent aux récréations et s'unissent aux études, elles qui nous combattent afin de secouer nos pauvres solitudes. Elles se dressent, parlent et nous emmènent. Les classes sont méthodiques et je les écoute, mais il faut être joyeux pour aimer ce que l'on écoute.

Il y a surtout l'étude. Je n'oublierai jamais les études du lycée. Non, ce ne sont pas les livres qui font souffrir. La science est trop froide pour être bonne ou mauvaise, mais nous pourrions nous y intéresser. C'est le pion qui fait souffrir. On dit que la discipline des lycées est

paternelle : le pion c'est la discipline, et
le pion n'est pas notre père. Le pion ce
sont des yeux froids qui nous surveillent
et une voix raide qui nous rappelle à
l'ordre. Le pion c'est le règlement, c'est
la nécessité, c'est la loi, c'est la main qui
nous empoigne. J'ai douze ans, j'ai besoin
d'amour et vous me donnez un pion. A
toute ma fantaisie, à mon âme et à mon
cœur vous donnez un pion. Je suis faible,
mais un pion ne me soutiendra pas puisqu'il n'y a que l'amour qui soutienne un
enfant. Un pion c'est comme un adju-
dant qui peut nous haïr mais qui ne peut
pas nous aimer. Vous me faites étudier
mes leçons sous l'œil de cet homme : ma
vie est triste, les leçons sont froides et cet
homme est mon ennemi ; alors les leçons

qui étaient déjà froides, deviennent tristes et je les hais comme ma vie et comme
le pion.

Il y a trois jours l'atmosphère du lycée
était bleue lorsque j'entrai dans la cour;
et les trois jours ont passé. Le premier
était bleu comme une fête et comme la
première communion, et j'étais blanc
dans le jour bleu. Le second était sérieux et toujours bleu, comme une draperie bleu-sombre que l'on tend au passage d'un cortège. Et le troisième jour il
y eut tant de vent que la draperie s'en-
vola. Les trois jours sont trois frères, et
le premier rit, et le second regarde, et le
troisième pleure. Elle a fini ma joie d'un
jour, dans un lycée, auprès d'un pion,
entre quatre murailles qui bornent la

classe, qui bornent la cour et qui bornent
mon rêve.

J'habite un beau lycée. Les habitants
de la ville sont orgueilleux de leur gare
et de l'avenue de la gare qui conduit au
lycée, mais du lycée même ils sont plus
orgueilleux encore. On dirait un palais
parce qu'il est immense, parce qu'il a
treize paratonnerres. Sa façade est pré-
cédée d'une grille et d'une cour dans
laquelle deux rangs de caisses de lauriers
font la haie et conduisent les visiteurs
sur le seuil et sous un drapeau. La cour
d'honneur est sablée et ne sert que dans
les grandes circonstances comme un
riche et comme un homme plein d'honneur. C'est un beau lycée avec de grands
couloirs, de grandes salles, de grandes

cours. Maman disait : J'espère que tu seras fier d'habiter là-dedans. Il y a un concierge et toute une domesticité, car nous sommes ici pour étudier. Les hommes d'étude n'ont pas le temps de s'occuper de la vie matérielle et puis, comme l'étude enrichit, ils n'en auront jamais le besoin. Maman disait : Tu seras servi comme un bourgeois.

Oui, j'étais servi comme un bourgeois, parmi les fils des bourgeois, et dans un lycée où l'on enseigne toute chose, cela m'apprit à être servi. Mais, lycée monumental et votre orgueil, combien vous étiez petit à côté de mon ennui ! Vous auriez bien voulu m'atteindre lorsque vous gonfliez vos couloirs, vos classes et vos titres, comme la grenouille qui

se veut faire aussi grosse que le bœuf.
Vous dressiez vos treize paratonnerres et
votre fronton et vous disiez : Vois, comme j'ai l'air riche. Et dans vos cours on
sentait que vous auriez bien voulu nous
amuser. O lycée ! je ne pense pas que
vous étiez un mauvais lycée et vous auriez désiré me prendre et me guider avec
votre lumière : Tu seras bachelier, tu
seras un beau jeune homme qui connaî-
tra les belles manières et qui brillera de
tout mon éclat. Vous changiez vos paroles tous les matins et vous les habilliez
comme des soldats, comme des médecins,
comme des notaires et comme des bacheliers. O lycée, que vous perdiez vos paroles ! J'ai douze ans. Vous connaissez les
sciences, mais vous ne connaissez pas les

enfants de douze ans. Vous ne savez pas,
lycée froid, que je suis frileux. Vous m'en-
seignez tout ce qu'il faut pour avoir un
bel avenir, mais vous ne savez pas que
la souffrance est sacrée, vous qui me
faites souffrir au nom de l'avenir ! Vous
m'avez cru sur parole lorsque je vous ai
appelé et vous vîntes, lorsque j'appelais
mon rêve, avec vos bottes de sept lieues.
Vous ressembliez à l'ogre et je vous avais
pris pour un chevalier ! Vous vouliez
bien nous lâcher un jour, mais vous vouliez nous garder sept ans auprès de vous.

O lycée, votre souvenir est à la tête de
mes mauvais souvenirs, et lorsque j'en
remue les cendres, je les trouve encore
chaudes de votre ennui. Il est un autre
coin de mes idées que vous avez atteint,

là où devraient être les premières ferveurs et l'activité, mais une ombre les couvre, qui est la vôtre, et qui m'a marqué dès l'origine pour l'ennui et pour la douleur passive. O lycée, mes bons moments sont ceux où je vous quittais !

Je vous quittais pour aller penser à maman. N'ai-je pas dit que vous vouliez me retenir par vos rêves, par votre luxe et par votre mouvement ? Mais je vous quitte Il y a huit jours j'étais encore chez moi, à six heures du matin, comme un enfant dans son lit, au fond du duvet, au fond du sommeil. A huit heures maman m'éveillait avec des douceurs. Et puis il y avait la soupe épaisse et bonne qui nous ressemblait un peu et de laquelle nous approchions, le cœur ouvert, parce que nous la connaissions. Je me rappelle que le dimanche était plus beau et que maman faisait un chocolat qui semblait une soupe endimanchée. Ensuite la journée, ayant ainsi commencé, devenait notre amie. Les journées de douze ans, auprès de notre mère, ouatées dès l'aube, se poursuivent et sont tendres, avec une soupe chaude et des sentiments protecteurs. Il le faut pour notre bonheur.

Il y a huit jours, j'étais encore chez moi, à six heures du matin, comme un enfant dans son lit, au fond du duvet, au fond du sommeil. Vous m'avez pris sur ma couche, vous m'avez porté dans vos dortoirs et vous m'avez enlevé toutes les tendresses nécessaires. Vous m'éveillez au son du tambour, avec vos baguettes.

Pan, pan, pan ! et le tambour n'étant pas assez brutal, le pion tape dans ses mains et nous arrache de nos draps. Pauvres levers de douze ans, qu'ils sont tristes alors que le matin nous éveille avec ses baguettes ! Nous sortons de nous-mêmes et nous voyons le dortoir, son eau froide et la journée qui commence au son du tambour. Les matins du lycée nous enlèvent un peu de bonheur qui venait du sommeil et nous donnent à l'avance tout l'ennui que produira la journée.

Je me lève, je m'habille, je me lave et je pense à tout ce qui me manque. Je sens mes douze ans au fond de moi-même et je les entends parler. Ce sont deux petits enfants qui crient. L'un se plaint et l'autre appelle. Le premier dit : C'est

le pion qui me pressure et qui sur moi
met ses deux poings, c'est l'étude et c'est
la classe qui sont froides et qui viennent
à moi comme du vent. Le second s'en-
ferme au fond de mon cœur, loin du pion
et loin du vent. Il est si délicat, il savait
sentir l'amour de sa mère, et c'est pourquoi il souffre tant de la souffrance. Lorsque j'entrai au lycée, le premier me conduisait à l'avenir et maintenant le second
me ramène au passé. Petit cœur au fond
de mon cœur, où il fait chaud, je le sens
et il revit tous mes anciens sentiments.

Maman est une bonne femme, à petits
pas, qui porte un tablier et des jupes, qui
travaille et qui marche dans sa maison.
Je voudrais bien que vous connaissiez son
visage où sont deux yeux qui m'aiment,

des lèvres qui me baisent, des joues pour
mes lèvres et un front qui pense à moi.
Cela je le sens. Je ne te vois pas avec ton
apparence matérielle mais je te sens avec
tes qualités. Tu es belle comme le souvenir d'une belle existence, alors qu'on
avait une chambre et un foyer, et tu me
réchauffes encore. Je pense à toi pour
occuper ma pensée quand je suis triste et
si le pion gronde je me console de sa co-
lère et de sa haine en disant : Oui, mais
il y a maman qui m'aime. Sais-tu que
tous les matins je suis tes actions et j'ima-
gine celles que je ferais à ton côté : La
maman trempe la soupe et si j'étais là-
bas, je m'assoirais sur la petite chaise en
attendant que la soupe soit trempée. Je
pense à nos voisins et à mes anciens ca-

marades d'école qui sont bienheureux parce qu'ils peuvent te voir chaque jour.

Nous sommes séparés pour longtemps. Il y a bien des vacances, mais il y a surtout sept années d'études qui s'allongent devant mes yeux et sont toutes grises le long des murs, parmi les pierres, avec l'immobilité de leur ennui. Où vont-elles, au fond du couloir, dans l'ombre que je ne connais pas, où vont-elles, les sept années qui m'éloignent de ma mère ? Il faudrait bien qu'un cataclysme vînt bouleverser le temps. Je pense à tout ce qui peut se produire.

En vérité je vous le dis, il y eut un jour où le professeur nous avait lu « la Voulzie » par Hégésippe Moreau et nous avait appris que ce poète mou-

rut à l'hôpital à vingt-huit ans. La
Douleur et la Mort se regardent. Je pensai : Si je devenais malade et que je dusse
mourir, je voudrais bien être poitrinaire
et m'en retourner chez moi où je vivrais
six mois encore auprès de maman. Et je
voyais six mois longs comme l'éternité
parce que chaque instant de maman com-
portait un bonheur infini. Il y avait d'autres choses en classe, comme un morceau
de Châteaubriand qu'on appelle : « Le
retour à la maison paternelle », et qui dit
que la vie disperse les membres d'une
famille : « Le chêne voit germer ses glands
autour de lui, il n'en est pas ainsi des enfants des hommes ». Je sentais cette pensée comme un sentiment et parfois je me
la répétais le long des cours pour bien la

graver en moi et pour donner à mon
malheur une portée universelle. Un autre
morceau de Châteaubriand parle de
l'Ecossais et dit qu'il meurt à l'étranger :
« C'est une plante de la montagne, il faut
que sa racine soit dans le rocher. » Je crus
que je ne pourrais pas vivre au lycée : « Je
suis une plante de la campagne, il faut
que ma racine soit dans un champ ».

Retourner, oh ! retourner auprès de
toi ! J'ai souffert et je n'en avais pas l'habitude, et j'ai tant souffert qu'il me semble
que je t'aie quitté depuis longtemps. Ce
sera « mon retour à la maison paternelle ».
Je viens de dire que les vacances n'avaient
pas beaucoup d'importance, mais je me
suis trompé puisqu'elles se passent à ton
côté. Les vacances sont bonnes comme

tout ce qui t'entoure. J'évoquais ton visage et tes baisers. Or, les vacances sont
ton visage et tes baisers.

Un de mes camarades, sachant que je
passais près de chez lui pour aller en
vacances, dit : « Tu t'arrêteras à la maison
et tu y resteras une demi-journée. Nous
déjeunerons et nous mangerons de la
charcuterie et des gâteaux ». Quoiqu'il
fût un garçon riche et que je fusse curieux de connaître les salles à manger et
les repas des riches, je n'acceptai pas son
invitation. Je pensais à toi et je ne voulais pas m'enlever une minute de ta pré-
sence.

IV

Je me souviendrai toute ma vie du soir
où j'eus vingt ans. Assis dans ma petite
chambre, la nuit tombant sur le jardin
éteignait mes fleurs et mes oiseaux pendant que le ciel devenait tendre comme
une âme souffrante. L'air du crépuscule
est formé de petites perles sonores qui se
renvoient les dernières paroles des arbres
et des routes. Maman tira de l'eau, le

treuil du puits grinça, le seau heurta les parois avec retentissement. C'est à ce moment surtout que je sentis venir mes vingt ans. Pourquoi ? Je ne suis pas un malade qui voit de merveilleuses correspondances. Mais le puits criait comme une âme de fer que l'on attaque au crépuscule et ses cris entraînèrent les miens. On eût dit qu'il y avait quelque danger dans le monde. Je sentis venir mes vingt ans au fond de mon cœur frileux et je fus triste parce qu'ils n'étaient pas ce qu'ils devaient être.

Lorsque j'avais douze ans, je pensais : A vingt ans tu seras on ne sait quoi, grand astronome ou général, mais tu seras quelqu'un de très grand parce que tu es allé au lycée et que tu y fus le premier

de la classe. Lorsque j'avais quinze ans,
j'étais plus précis : A vingt ans, tu seras
sorti de l'Ecole polytechnique et l'on te
verra, pareil aux officiers d'artillerie, passer dans ta petite ville comme une image
de guerre et de gloire. Depuis, je n'ai
plus voulu être officier parce que les officiers sont trop beaux et manquent de
cœur en faisant souffrir les soldats. Il y
avait, de plus, un de mes camarades qui
voulait entrer à l'Ecole normale supé-
rieure, et qui m'a montré que les officiers sont des êtres inutiles. Je fus bachelier et pendant les trois années suivantes,
je me préparai à l'Ecole polytechnique.
L'Ecole polytechnique conduit à toutes
les carrières. On peut être ingénieur,
commissaire de la marine, employé au

Ministère des finances, et l'Ecole polytechnique n'empêche pas d'être écrivain,
peintre ou musicien. Les candidats à
l'Ecole polytechnique se promènent dans
un champ de rêves et connaissent toutes
les espérances.

J'ai connu tant d'espérances que mes
désirs étaient sans limites. Mais ce soir,
mon âme de crépuscule est formée d'é-
chos sonores. Les échos de mon âme se
renvoient leurs bruits, tous leurs bruits
froids, avec la voix impersonnelle des
échos. Depuis les ennuis jusqu'aux espérances, c'est un bruit d'années captives
qui marchèrent dans des cours, qui dor-
mirent dans des dortoirs, qui vécurent
chez les pions une vie triste et surveillée.
Sur ma table, je vois les cahiers de trois

années de mathématiques. Maman tira de l'eau, le puits rouillé grinça. Il me sembla entendre chaque x et chaque y dans ma vie de candidat à l'Ecole polytechnique. Les x de l'algèbre, élégants et précis, raisonnaient froidement comme des personnes bien mises. Les x, les y et les z de la géométrie analytique semblaient des malheureux qui peinent, de malheureux journaliers qui cassent du bois. Mon âme grinça comme le puits dont on remue l'eau glacée. Ces mathématiques étaient faites avec ma substance. Une pile de cahiers, voilà mon adolescence, les premiers printemps, les feuilles qui s'ouvrent, le soleil plein de rosée et les petites amies de seize ans. C'est triste comme du bonheur perdu. F (x, y, z), théorie des

equations, courbes et surfaces du deuxiè-
me degré, vieilles aventures répétées, c'est
triste comme un prisonnier qui connaît
toutes les pierres des murs de sa prison.
Un homme avait labouré son champ. Le
vent souffla sur le blé qu'il devait semer,
et maintenant l'homme cherche sur la
terre quelque reste des festins des fauves.

Mais il y a le lendemain des amertumes.
Un jeune homme de vingt ans ne connaît
qu'un soir amer. Gloire à mon sang qui
passe comme un cavalier et qui remue et
qui entraîne sur sa route depuis les vieil-
lards du Passé jusqu'aux enfants de l'Avenir. L'École polytechnique n'est plus

que la carcasse d'une maison brûlée. Je
l'abandonne. Pardonnez-moi si j'ai re-
gardé en arrière. Je pars et je n'ai rien
perdu. Le monde est comme un coup de
clairon qui m'entraîne. Je ne me repose-
rai pas avant d'avoir trouvé la maison où
l'on se repose le mieux.

Le matin je me lève et j'interroge les
quatre coins du ciel. Je ne veux rien igno-
rer de l'espace. Voici l'air du matin qui
vient de loin et qui s'emplit de toute la
fraîcheur des horizons. Je pense aux professions que peut choisir un bachelier
qui fit trois ans de mathématiques spéciales. Il y a les contributions directes qui
habitent les sous-préfectures et les pré-
fectures et qui contiennent leur petit
morceau d'avenir. Il y a l'enregistrement

qui habite un chef-lieu de canton, qui se marie avec une femme charmante et qui jouit d'une considération toute particulière. Il y a les ponts et chaussées où sont utiles les mathématiques spéciales. Les ponts et chaussées conduisent même à l'École des Ponts et Chaussées où l'on devient ingénieur tout comme si l'on était entré à l'École polytechnique. Il y a tous les ministères qui sont à Paris avec des examens bienveillants. Je vous dis que l'espace entier est plein de promesses. Il y a encore toutes les situations que l'on peut découvrir chez les particuliers et dans les administrations privées. Je n'ai rien perdu, bon Dieu ! Le médecin m'a dit qu'échouer à l'École polytechnique avait fait le bonheur d'un de ses camarades qui,

maintenant dans le journalisme, gagne
dix mille francs par an.

Mon frère l'Avenir était vêtu de noir et
son faux-col très blanc faisait deviner un
jeune homme qui ne travaille pas beaucoup et qui touche de bons appointe-
ments. Les bacheliers ont des métiers
élégants qui ressemblent à une distrac-
tion. On voit même des jeunes gens riches
pratiquer ces métiers parce qu'ils ont
peur de s'ennuyer à ne rien faire.

Je vécus ainsi pendant un mois dans
ma petite chambre de province auprès de
mon père en travail et de ma mère pleine
de soins. Mes vingt ans étaient un peu
bouillonnants, mais dans ce pauvre village où je ne fais qu'une halte, je ne veux
pas laisser bouillonner mes vingt ans. Je

vécus assis et me recueillant pour choisir un métier. Les miens n'étaient pas tranquilles. On ne peut pas dire que les ouvriers de province ont de l'expérience, puisque leur esprit ne connaît que le bois et les sabots qu'on en tire. Pourtant s'il est nécessaire de travailler douze heures afin de gagner le pain de sa femme et de ses enfants, cela montre que la vie est pénible. Il faut regarder un travailleur avec ses épaules lasses. Lorsqu'il réfléchit, il se dresse et contemple quelque endroit de l'espace avec un œil qui voit partout des soucis.

Il est vrai que je suis bachelier et que l'instruction mène à tout. Mon père a de la crainte, lui qui sait que les fils d'ouvriers participent à la vie ouvrière. De

plus, si cela se passait ainsi que je l'espère,
cela serait trop beau. Il en cause avec
ma mère. Ma mère verrait bien les choses
comme je les vois, mais elle a de l'inquié-
tude parce qu'en fin de compte on ne sait
pas.....

Moi je me dresse et je chante. Mes
chers parents vous êtes entêtés. La vie et
ses raisonnements, vous les entendez entre les quatre murs de votre chambre, et
vous les regardez passer devant la fenêtre
en doutant de leur réalité. Je ne sais pas
comment faire pénétrer mes paroles. Je
porte en moi trois cent mille espérances
mais pour chaque espérance vous avez
un doute. Pourquoi? Moi je raisonne
aussi. A l'appui de chaque espérance, je
place un exemple. Mes anciens camara-

des ont tous les emplois dont je vous
parle et moi, leur égal, je suivrai leur voie
et j'aurai sur eux l'avantage de suivre
une voie qu'ils m'auront appris à connaître.

Mon père se renferme dans son corps
rugueux d'ouvrier et parce que ses épaules ont reçu les grands coups que la Vie
donne aux travailleurs, il est empli de
craintes. Tes camarades étaient riches ou
bien ils avaient des protections. Dans le
monde les métiers ressemblent à la fortune. C'est pourquoi les riches ont de
bons métiers pendant que les pauvres
n'en ont pas.

Nous commençâmes par les protections.

On voit à cinq kilomètres de ma petite
ville un village avec un château. Le village montre une rue et demie le long de
laquelle c'est le commerce des auberges
et celui des métiers, qui ne font pas
grand bruit. Presque en face de l'église
il y a l'école. L'église est vieille et n'a pas
de place pour montrer son visage, l'école
est large et blanche avec une place immense pour qu'on la voie et pour que
l'on sache qu'en ce village l'instruction
occupe une place immense.

Mais le village n'est rien. Il faut parler
du château. Le parc et le château sont
plus grands que le village et appartiennent
à M. Gaultier. M. Gaultier est un homme
plusieurs fois millionnaire et qui est ce
que l'on appelle un agriculteur. Les agri-

culteurs sont ceux qui possèdent des domaines, les louent à des paysans et se font des revenus grâce à l'agriculture que pratiquent leurs fermiers. Ils vont souvent à Paris, gardent des relations de toutes sortes et se plaignent d'avoir beaucoup d'occupations. La plupart d'entre eux ont des opinions royalistes, mais M. Gaultier était républicain. Sinon l'on eût trouvé le moyen de donner une place à l'église et d'enfoncer l'école derrière les maisons.

De M. Gaultier, républicain et agriculteur, je ne connais pas la nuance républicaine, mais je sais qu'il était l'ami de tous les préfets. M. Gaultier avait une table exquise, une de ces tables exquises que nos gouvernements adorent. Les

tables royalistes sont compromettantes
parce qu'elles servent à conspirer contre
la République. Les tables républicaines
sont rares comme les véritables plaisirs.
Aussi M. Gaultier avait le bras long. Oh !
combien de facteurs, combien de canton-
niers, qui ne pouvaient manger que du
pain et des pommes de terre, doivent à
M. Gaultier d'être facteurs ou canton-
niers ! C'est un bonheur pour les petites
communes de posséder un châtelain
influent.

Mais la puissance et l'éclat de M. Gaultier ruisselaient par les routes. La fortune
ne reste pas stagnante dans un village,
non, elle s'épand et brille afin d'éclairer
les endroits d'alentour. D'abord la fortune
est bienfaisante. C'est le cocher de M.

Gaultier qui, dans les petites villes, va
aux provisions, ou bien promène ses chevaux. Et puis les fermiers de M. Gaultier
font partie de son personnel, de sorte
que l'on peut dire qu'il fait marcher le
commerce. Ensuite la fortune est un spectacle. Des victorias à deux chevaux contiennent Monsieur ou Madame ou Mesde-
moiselles Gaultier. Belles voitures à beaux
chevaux, on les entend de loin et l'on se
range bien vite sur l'accotement, non pas
parce qu'on craint d'être écrasé, mais
pour ne pas les déranger et pour mieux
les regarder passer. Belles voitures à
beaux chevaux, cela distrait quand on se
promène, et leur luxe nous console du
fumier qui est aux cours des fermes et
des paysans épais qui travaillent dans les

champs.

Tout le monde saluait M. Gaultier. Les riches, conservateurs, le saluaient comme un homme de leur monde et les ouvriers de toutes opinions le saluaient comme on salue la richesse. Je sais bien que quelques-uns, qui étaient ses fournisseurs, s'inclinaient davantage, mais cela ne fait rien puisque tout le monde saluait M. Gaultier. Lui répondait avec aisance, ayant l'habitude des bonnes manières. Il avait l'air très simple. Il ne se gênait pas pour causer à n'importe qui, si bien que chacun, dans le pays, savait que M. Gaultier était un homme affable auquel on pouvait demander service.

Voici pourquoi nous partîmes un soir, maman et moi, pour aller lui demander

sa protection. Maman m'accompagna
pour donner plus de poids à notre dé-
marche et parce que les mères de ceux
qui ont des ennuis à vingt ans sont leurs
camarades et leurs sœurs afin de leur
donner du courage.

La route est longue de chez nous à chez
lui. Une soirée d'août, entre cinq et six
heures, conserve la chaleur du jour et
fatigue ceux qui marchent. N'importe.
Il faut marcher lorsqu'il s'agit d'avoir
une place.

Nous arrivâmes à six heures dans le
parc de M. Gaultier où l'ombre est grande
comme aux riches demeures d'été. Ce
parc merveilleux est un composé de toutes les beautés naturelles. On y voit une
longue allée d'arbres, un taillis, des pe-

louses, des bosquets, des bordures de
fleurs, des corbeilles de fleurs. Je me souviens de belles roses thé que j'aurais voulu
cueillir, mais je m'en gardai bien, parce
qu'il faut respecter les propriétés des riches. On arrive à un château semblable à
ceux qu'on voit dans les livres de M.
Francis Jammes. D'une part, il est bordé
d'ombre pour les personnes qui aiment la
fraîcheur; d'autre part, il y a une pelouse
et de l'espace pour les jeunes filles qui
aiment à jouer au volant. Des statuettes
sur le perron ou au milieu des pelouses
ajoutent l'Art à la Nature.

Mais nous étions intimidés en entrant
dans le château. D'abord les vestibules en
pierre sonore, puis la peur de déranger
M. Gaultier à l'heure de son dîner. On

nous introduisit dans un petit cabinet de travail que nous trouvâmes simple et de bon goût. Il y avait un grand désordre sur la table, parmi lequel on apercevait des brochures relatives à l'agriculture, des documents officiels qui portaient en tête : *Ministère de l'Agriculture*, ou *Préfecture de ****. Un peu de poussière y était répandue. J'ai lu que certains savants défendent à leur valet de chambre de faire leur cabinet de travail, par crainte qu'il ne dérange les papiers. C'est, sans doute, à cette cause qu'il faut attribuer la poussière du cabinet de travail où nous étions ass s.

M. Gaultier arriva. Comme nous nous excusions de le déranger à cette heure : Ça ne fait rien, dit-il. Un sourire accompagnait sa bienveillance et nous fûmes à notre aise, chez un homme charmant. Sa tête s'inclinait pour nous écouter.

Maman parla. M. Gaultier comprit tout de suite qu'il faudrait une place dans laquelle pourraient s'employer mes connaissances en mathématiques. L'entrevue ne fut pas longue. M. Gaultier constata qu'il avait beaucoup d'amis à Paris grâce auxquels j'aurais l'emploi désiré. Quant à dire maintenant quel il serait, on ne le pouvait pas parce qu'il fallait réfléchir et « frapper à plusieurs portes ». Dans une quinzaine de jours nous aurions une lettre et M. Gaultier estimait que dans deux ou trois mois à peu près je serais casé. Ensuite je pourrai me tirer d'affaires moi-même. L'important est d'avoir le pied à l'étrier.

Merci, ô Monsieur Gaultier, merci !
. Nous le quittâmes. M. Gaultier est un
homme qui porte toute sa barbe, un peu
grisonnante et si propre qu'elle donne à
son visage un air sain. Le visage même
de M. Gaultier est bruni par ses promenades et ses travaux d'agriculteur. Il a
de bons yeux où passent des regards bril-
lants comme la fortune et la santé. M.
Gaultier, vêtu d'habits solides et chaussé
de gros souliers, est un de ces proprié-
taires qui se portent bien parce qu'ils
mènent une vie active et simple en gérant
leurs propriétés. Nous avons vu un autre
M. Gaultier, celui qui sourit et connaît
des personnes à Paris. Ce M. Gaultier-là
est un homme raffiné dont un frère est

médecin, un autre ingénieur et qui doit
connaître les hautes idées de la grande
société parisienne. D'ailleurs il est chevalier de la Légion d'honneur, c'est-à-dire
qu'il a beaucoup de capacités.

Nous pensions ainsi, maman et moi,
sur la route de notre maison. Tantôt
nous parlions, tantôt nous ne disions rien,
et les paroles de M. Gaultier marchaient
devant nous, laissant entrevoir de mysté-
rieuses profondeurs.

Savez-vous ce qui arriva ? D'abord pendant quinze jours il n'arriva rien du tout.
Ensuite nous attendîmes le facteur. Avec
sa boîte pleine de lettres nous attendions

le facteur. Au milieu de la rue, vers huit
heures, on me voit guettant son passage,
puis lorsqu'il va passer je rentre et j'attends. Le facteur passe. Le facteur est
passé. Oh ! comme on se sent seul alors !
Mais dans les premiers temps on renfonce
l'amertume au fond de son cœur, on met
l'espérance tout autour et l'on pense : Je
voudrais bien être à demain.

Au bout d'un mois nous retournâmes
chez M. Gaultier. Il y a de bons sourires
et de bons accueils qui consolent les malades. M. Gaultier les connaît. Il ne nous
gronda pas de nous être dérangés, mais
nous assura qu'il ne m'oubliait pas. Il
avait « frappé à plusieurs portes » et at-
tendait qu'on lui répondît. Quel homme
affable et sans cérémonie ! Il nous serre

la main et nous parle comme à des égaux.
Il est doux d'avoir affaire avec des personnes bien élevées.

Au bout d'un mois nous retournâmes
encore chez M. Gaultier. Cette fois-ci
nous pensions n'être pas loin du résultat.
Un jeune homme à bicyclette que nous
croisâmes était le neveu de M. Gaultier.
Il était grand, avec beaucoup d'élégance.
Ses gestes et ses regards aisés s'associaient
à sa taille, élancée comme celle de certains fils de famille qui ont l'habitude du
monde. Il nous salua gracieusement sur
la route et semblait un reflet de M. Gaultier, — un reflet parisien parce qu'il était
le fils d'un riche médecin de Paris. Ce
jeune homme avait été refusé à son baccalauréat ès-lettres, mais il allait entrer

à l'Ecole d'Agriculture de Grignon. Peut-
être M. Gaultier avait-il écrit à son père,
lui demandant d'user de son crédit pour
nous. Quand M. Gaultier nous eut dit
qu'il n'y avait rien encore, nous ne fûmes
pas trop attristés parce que nous avions
rencontré quelqu'un qui était l'une des
nombreuses relations qu'à Paris possé-
dait M. Gaultier.

Alors le Temps passa. Chaque mois
était séparé de son voisin par notre visite
à M. Gaultier. Cet homme contient une
provision d'espérances et ressemble aux
bons spectacles et aux bonnes paroles qui
nous aident à attendre l'Avenir. D'ailleurs nous attendions l'Avenir au lendemain de chaque jour. Parfois le facteur
s'avance, une lettre à la main, alors notre

cœur s'élance vers lui, nos mains se tendent et sont des mains qui prennent et gardent un trésor. Nous fûmes toujours déçus parce que ce n'étaient que des lettres d'amis. Les amis sont consolants, mais bienheureux les hommes qui n'ont pas besoin de consolations ! D'autres fois le domestique de M. Gaultier était en ville avec sa grande voiture. Alors nous ne nous écartions pas trop de notre maison, parce que M. Gaultier aurait pu dire : « Il vaut mieux que j'envoie mon domestiques les prévenir. De cette manière ils sauront plus vite que j'ai une place à leur donner ». D'autres fois nous sommes tous trois à la maison. On frappe à la porte. Nous nous regardons en nous demandant si ce n'est pas quelqu'un qui apporte l'emploi que nous cherchons.

Puis il n'y eut rien autre chose. Immobiles dans notre maison, les yeux braqués vers un château, nous attendions une grande grâce, pareils à ceux qui prient et croient en Dieu. Nous attendions une bien grande grâce en effet. Nous attendions que les riches prissent en pitié les pauvres. Nous nous étions dit : Les riches sont des hommes comme nous, que la fortune élève afin d'en faire nos gouvernements et nos protecteurs. Nous nous adressâmes à M. Gaultier parce que la Justice veut que les bacheliers qui sont instruits soient protégés par les gouvernements qui aiment l'instruction. Au fond de nous-mêmes nous doutions un peu de la Justice puisque les ouvriers travaillent sans connaître le plaisir ou le repos, ce qui est une chose injuste. Mais nous comptions sur la bonté de nos frères les riches. Nos frères doivent trop aimer la joie pour vouloir que nous restions dans le malheur. Si mes mains sont vides, M. Gaultier comprendra que j'en souffre et que je devrais travailler au lieu de manger le pain de mon père. Nous attendions, dis-je, que les riches prissent en pitié les pauvres.

J'ai honte, aujourd'hui, pour tous ces sentiments. Nous les avions conçus au milieu de notre petite ville dans laquelle on ne connaît rien. Mais j'ai honte parce que demander une faveur aux riche c'est entrer dans le cortège de leurs protégés et de leurs serviteurs. C'est demander :

« Mon bon Monsieur, voulez-vous me
rendre un service. Grâce à votre fortune
vous le pouvez ». Or, demander cela c'est
s'incliner devant la fortune et le pouvoir.
Je vois mon âme indépendante qui rougit
en pensant à sa servitude ancienne
comme un homme rougit d'avoir jadis
démérité.

Le Temps passa. Il y eut d'abord l'automne, l'automne en cendre où le ciel
semble un feu qui s'éteint mais qui éclaire
et chauffe encore. Cette année-là, l'automne avait une douceur dans la campagne merveilleuse et mélancolique. Puis
l'hiver sembla descendre de l'automne

et le continuer comme un fils continue
son père, avec plus de force mais avec
autant de bonté. Il y avait mes vingt ans
et des bouillonnements fous. Vingt ans
c'est l'âge où l'Amour, mêlé à toutes les
passions généreuses, fait du monde un
champ d'action pour le Bonheur. Les
riches poètes ont chanté nos vingt ans.
On y voit des amoureuses qui sont parfois des Andalouses en feu, d'autres fois
des grisettes légères comme le plaisir ou
bien des jeunes filles dont on ne connaît
pas la profession, mais qui sont intelli-
gentes et que l'on couvre de fleurs. Les
premiers pas d'un jeune homme qui lève
la tête et regarde la Vie sans défaillance
en sachant que le Monde est immense
pour ceux de vingt ans. Les poètes riches

nous ont fait connaître les joies et les orgueils qu'ils ont connus et nous ont dit : Nos vingt ans triomphent comme des fleurs et se posent sur les seins des femmes.

Moi je n'avais pas le cœur à penser à l'Amour. L'Amour est beau pour ceux qui ont de quoi vivre, mais les autres doivent d'abord penser à vivre. Ah ! les vingt ans des pauvres ! Les vingt ans des sans travail, les vingt ans des ouvriers qui suent, les vingt ans des pions qui travaillent sans savoir si le travail conduit à l'Avenir ! Les vingt ans des filles publiques que la syphilis a crevées ! Nos vingt ans sont des bêtes dans des cages qui tournent et cherchent un trou, un joint, une fente pour y passer la tête et s'en

aller. Nos vingt ans sont d'autant plus
mauvais que vous les avez chantés. Nous
les comparons aux vôtres. Vos joies nous
ont rempli d'amertume, notre malheur
se mêle à vos rires et se lamente comme
un pauvre à vos portes. Ah ! je vous le
dis, poètes riches qui avez chanté l'Amour,
soyez maudits !

Vous avez créé des bourses dans les
lycées et collèges pour que les fils des
ouvriers deviennent pareils à vous. Et
lorsqu'ils sont bacheliers comme vous,
vous les abandonnez dans leurs villages.
Vous gardez pour vous les riches professions qu'ils devaient avoir et vous riez,
vous avez vingt ans, quelques-uns des
vôtres sont des poètes ! Et cela démontre
que si l'on est fils d'ouvrier il ne faut pas

s'élever au dessus de sa classe. Le curé parlait de moi à des maçons : Voyez-vous, on fait instruire des enfants et ensuite on ne sait pas ce qu'en faire.

Il y a des Administrations inférieures dans lesquelles nous pouvons entrer. Mon titre de bachelier permet d'être commis des ponts et chaussées sans examen. J'ai fait une demande à M. l'ingénieur en chef, laquelle lui fut recommandée par Monsieur Gaultier. Je gagnerai mille francs par an, mais ç'est « le pied à l'étrier ». Jamais je n'ai reçu de réponse. Vous avez établi des droits, vous les avez inscrits dans des documents officiels afin que tout le monde les connaisse. Ils sont peu de chose mais ils disent : La vie des pauvres est d'abord pénible, mais quand les pauvres se sont donné de la peine, il y a des examens qui les récompensent. Vous mentez. Jamais je n'ai reçu de réponse à ma demande pour entrer dans les ponts et chaussées. On croirait que vous avez créé des droits pour nous donner de fausses espérances et pour nous faire souffrir.

Les autres professions ne sont pas abordables. Les bureaux d'enregistrement, tranquilles et indépendants, font de leur titulaire un homme qui peut se promener, faire des études ou fréquenter la société, mais pour être titulaire d'un bureau d'enregistrement, il faut accomplir cinq ou six années de stage pendant lesquelles on ne gagne pas d'argent. Il faut aussi verser un cautionnement, car les riches seuls peuvent avoir un bon métier. Les examens des ministères sont comme s'ils n'existaient pas et puis l'on fait pour s'y présenter le voyage de Paris, au risque de revenir sans succès. Les situations que l'on peut découvrir chez les particuliers ou dans les administrations privées s'obtiennent par des relalations de famille ou d'amitié. Or les parents et amis des ouvriers sont des ouvriers comme eux. Les Messieurs Gaultier pourraient bien nous être utiles, mais la richesse les éloigne de nous et leur situation d'agriculteur ne leur laisse pas de loisir.

De quelque côté que nous contemplions l'horizon, nous les pauvres aux yeux fixes, les riches se dressent entre l'horizon et nous avec des châteaux et des murailles, avec des règlements et des chiens qui les défendeut. Nous marchons et nous voulons respirer, au milieu du monde, l'air des eaux et des forêts, nous marchons et nous sommes des gueux pleins de courage. Nous sommes allés bien loin et nous avons vu les riches assis dans leurs parcs et riant comme si le Bonheur recouvrait le monde. Nous aurions voulu posséder un enclos avec un champ pour y gagner notre pain. Les enclos sont gardés par les gardes des riches. Il y a tant de plaisirs sur la Terre, depuis le travail jusqu'au repos, et tant d'espace pour les goûter que nous étions bien sûrs de rire en route et de nous arrêter un soir, sous les chênes, avec une besace pleine et des cœurs pleins. Il n'y a plus de plaisir, il n'y a plus d'espace, les châteaux s'étendent et entourent tous les chênes de la forêt profonde.

Mais ce qui se passa fut bienheureux. A tout jamais j'abandonnai les rêves de grandeur qui, depuis l'enfance, poussaient mes idées dans l'orgueil. J'abandonnai tous mes rêves supérieurs, ceux qui traînaient des sabres et ceux qui rêvaient d'un emploi riche et fainéant. Je partis, mais ce ne fut pas un départ, ce fut un retour. Je reviens auprès des miens avec des désirs sages comme un travailleur revient auprès de son travail. Orgueil fou, beaux emplois, beaux habits, splendeur blanche et plaisir des femmes, on ne peut pas dire que j'aie

souffert en vous quittant. J'ouvre la porte
de la maison paternelle. Les voici. Mon
père aux grosses mains fait des sabots
comme son père et dans la maison bien
rangée ses sabots s'entassent et seront
vendus à ceux qui font le pain, à ceux
qui font les habits et aux ménagères ac-
tives qui ordonnent les maisons. Ma mère
travaille aussi, c'est un travail utile pour
cuire les aliments et c'est un travail
d'amour qui embellit les chambres et
qui embellit la vie. Je suis le voisin du
charron, du tonnelier et du maréchal-
ferrant. Ceux qui travaillent pour gagner
le pain qu'ils mangent m'entourent et
vivent selon la loi qui veut que l'on gagne
son pain à la sueur de son front. Moi je
suis un homme du peuple et je veux tra-

vailler comme les autres.

Voici ce que j'ai vu à vingt ans, pendant que les fils des riches dansaient.
Moi, j'aisouffert parce que je ne travail-
lais pas. Mes membres ont souffert, mon
cœur avait son orgueil et mes idées, toutes mes idées criaient que celui qui ne
travaille pas est une honte. Il ne faut pas
dire qu'il y a des hommes inutiles, mais
qu'il n'y a pas des hommes nuisibles.

Je cherche une place. mon Dieu, dans
quelque coin du monde, une place qui
serait pour moi. N'importe laquelle,
pourvu que je travaille avec utilité et
pourvu que je gagne ma vie, cette vie

que vous m'avez donnée. Je suis si petit
et le monde est si grand qu'il y a sans
doute quelque place avec un travail que
je saurai faire. Si j'étais agile et grand, je
monterais en haut des échafaudages, au
milieu des maçons. Je voudrais pouvoir
aller à Nantes ou au Hâvre comme les
débardeurs. Je voudrais pouvoir faire la
moisson. Si je savais creuser les sabots
je resterais à la maison et je dirais à
mon père : « Assieds-toi, il y a longtemps
que tu travailles, et c'est moi maintenant
qui creuse les sabots ». Puisqu'on m'a
mis au monde, c'est qu'il y a dans le
monde une place pour moi. Il y en a qui
refusent des places, mais moi je prendrai
toutes celles que vous m'offrirez.

Oh ! je ne mens pas. Il y eut un jour

où je pensai : Je vais prendre dans ma
besace du pain, des habits et cent sous et
je partirai. Je partirai pour mendier.
Dans les fermes, dans les châteaux,
dans les usines, dans les bureaux, je
m'arrêterai. On me dira : Mon garçon,
vous êtes trop jeune pour mendier. Alors
je répondrai : Voulez-vous me donner
du travail? Je demanderai l'aumône s'i
le faut mais je partirai. J'économiserai de
quoi m'acheter des souliers et je mar-
cherai tout le temps qu'il faudra. Je fini-
rai bien par trouver du travail puisque
toute ma vie j'en chercherai.

Un matin, nous n'y comptions plus,

lorsqu'une bonne nouvelle arriva. Il y
avait dans ma petite ville un sellier dont
le fils était pharmacien à Paris. Nous
autres, fils d'ouvriers, nous nous regardons et nous tendons la main. Ce jeune
homme m'annonçait qu'une place, dans
un bureau, m'était réservée, où je gagne-
rais 3 fr. 75 par journée de travail. On ne
travaille pas le dimanche. J'ai le pied à
l'étrier. Et c'est ainsi que finit mon livre
parce que la peine des pauvres gens ne
finit guère, et c'est le travail qui commence, quand une peine a fini.

ACHEVÉ D'IMPRIMER

EN MARS 1900

PAR LÉON BADEL

Imprimeur à Châteauroux.